귀에 쏙 들어오고 입에 착 달라붙는

영어회화 필수구문 1500

CHRIS SUH

MENT⊘RS

귀에 쏙 들어오고 입에 착 달라붙는
영어회화 필수구문 1500

2025년 01월 13일 인쇄
2025년 01월 20일 개정판 포함 9쇄 발행

지 은 이 Chris Suh
발 행 인 Chris Suh
발 행 처 MENT☺RS
　　　　　경기도 성남시 분당구 황새울로 335번길 10 598
　　　　　TEL 031-604-0025 FAX 031-696-5221
　　　　　mentors.co.kr
　　　　　blog.naver.com/mentorsbook
　　　　　* Play 스토어 및 App 스토어에서 '멘토스북' 검색해 어플다운받기!
등록일자 2005년 7월 27일
등록번호 제 2009-000027호
I S B N 979-11-94467-33-5
가　격 18,600원(MP3 무료다운로드)

단순구조, 짧은 문장이 더 자연스러워

실제로 원어민들이 사용하는 말은 5~10단어 내외의 짧막하고 단순한 표현들이 대부분입니다. 그것도 '주어＋동사'라든가 '주어＋동사＋목적어'와 같은 초간단 구조가 주종을 이루죠. 우리가 영어를 처음 배울 때 학습했던 문형들만 제대로 익혀두어도 말이 통하는 영어회화가 가능하다는 얘깁니다.

그럼 이제와서 어쩌라고?

"아니, 그럼 이제와서 ABC부터 다시 배우기라도 하라는 거야 뭐야?"하며 분노내지는 난감함을 표출하시는 분들이 계실 겁니다. 물론 그렇게 극단적인 얘기는 아닙니다. 다만, 영어를 처음 배울 때 학습했던, 그래서 이제는 '풋내기' 표현으로 우습게 생각되기까지 하는 I'm...이라든가 This is...와 같은 기본적인 문형들을 일상회화에 얼마나 제대로 활용할 수 있는지 다시 한번 가슴에 손을 얹고 생각해보시라고 말씀드리는 것입니다.

기본 뼈대문형을 자꾸자꾸 응용하는 연습

아무리 긴 문장이라 해도 그 뼈대는 단순합니다. 여러가지 보충 설명하는 말을 뼈대 문형 이곳저곳에 끼워넣다보니 문장이 길어지는 것이지요. 간단한 구조의 뼈대 문형을 제대로 활용할수 없다면 수식어가 붙은 긴 문장을 만드는 것도 불가능합니다. (그야말로 부실공사의 원형아닙니까.) 이 책은 일상회화에 지겹도록 등장하는 기본 뼈대문형을 다시 한번 정리하고, 이 뼈대문형에 여러가지 다양한 단어들을 갈아끼워 응용하는 연습을 할 수 있도록 구성했습니다.

매일 10분씩, 영어 수다쟁이가 되는 그날까지

계속 공부해나가다 보면, 그동안 말하기 막막했던 수많은 표현들을 보다 쉬운 문형으로, 보다 쉽게 표현할 수 있다는 것을 느끼게 될 것입니다. 농구 초보 강백호가 지겨워하면서도 끈기있게 기본기를 다진 끝에 농구의 진정한 묘미를 찾게 되듯, 독자 여러분도 쉬운 문형부터 차근차근 정복하여 영어로 수다떠는 재미에 푹 빠지게 되시기를 바라는 바입니다.

이 책의 구성

① 기본 뼈대문형

이렇게 반가울수가! 영어를 처음 배울무렵 연습했던 왕기초 문형들 아냐! 사실 원어민들이 회화에서 자주 사용하는 문형은 시험에 자주 등장하던 복잡한 문형보다 이런 초간단 문형들이 대부분이라고요.

② 응용

기본 뼈대문형을 활용하여 실제로 회화에 자주 쓰이는 문장들을 만들어봐요. 맨 마지막 한 문장은 우리말을 보고 영어문장을 직접 만들어보기!! 정답은 바로 밑에 있지만 미리 보면 안돼요~

③ 이렇게 얘기해봐요

실제 대화에서는 어떤 상황에서 그런 문장들이 쓰이는지 봐야 하잖아요. 그런 문장들에 대한 반응의 말은 어떤지도 알아야죠. 직접 소리내어 말해보는 것, 잊지마세요.

④ 영어회화 지식Box

본문에서 다루었던 문형에 대한 보충설명에서 부터 자주 쓰이는 표현에 대한 뒷이야기, 비슷한 의미의 표현정리까지, 다채로운 영어회화 지식들을 제공합니다.

이 책은 어떻게 공부하면 좋을까

→ 기본 뼈대문형이 어떻게 활용되는지 응용 파트에서 확인해봐요

공식화하여 정리한 기본 뼈대문형이 어떻게 활용되는지, 응용 1~3의 문장들을 통해 연습해 볼 수 있어요. 단어 밑에는 품사 표시가 되어 있으니, 그 자리에 단어를 바꿔 넣어 활용할 때 명사를 바꿔넣어야 하는지 형용사를 바꿔넣어야 하는지까지 한눈에 알 수 있죠. 책에서 소개한 문장들은 일상 회화에서 밥먹듯이 등장하는 문장들이지만, 그외에도 여러 다른 단어들을 넣어 직접 응용해 볼 수도 있답니다.

→ 직접 만들어 본 영어 문장 하나, 백 예문 안부럽다

그냥 눈으로만 읽고 지나간 문장보다는 크게 소리내어 읽어본 문장이, 그리고 크게 소리내어 읽어본 문장보다는 내가 직접 생각해내어 말해 본 문장이 기억에 더 오래 남는 법입니다. 응용 파트마다 맨 끝 문장은 독자 여러분이 직접 생각해내어 말해 볼 수 있도록 구성하여 오래도록 기억에 남을 회화문장을 선사해드립니다. 어려운 단어는 바로 아래의 주에서 확인할 수도 있고, 모르면 정답을 보면서 공부해도 되니 너무 두려워하지는 마세요~

→ 오디오 테입만으로도 훌륭한 교재

발음이나 억양이 정확하지 않으면 의사전달이 제대로 안될 때가 있죠. 그런 고충을 방지하는 차원에서 오디오 테입을 십분 활용하세요. 원어민이 직접 교재의 영어문장들을 읽어주는 오디오 테입을 수없이 듣고, 또 수없이 따라하면서 원어민들의 정확한 발음과 억양을 내것으로 만들 수 있어요. 교재를 보지 않고 오디오 테입만 먼저 들어도 훌륭한 학습 효과를 거둘 수 있습니다.

→ 너무 순서대로 공부할 필요는 없어요

앞의 것을 다 보지 않고서는 절대 뒷장으로 넘어가지 않는 공부습관을 가진 분들이 많죠. 물론 한가지를 완전하게 이해한다는 것은 중요해요. 하지만 잘 모르고 입에도 안붙는 표현을 억지로 완벽하게 하고 넘어가려고 하면, 오히려 영어에 대한 거부감만 키우게 되는 것 같아요. 잘 모르겠다, 어렵다 싶은 내용은 죽 한번 읽어보는 것으로 그치고 다음 표현으로 넘어가세요. 다른 것을 공부하다보면 언젠가 '아, 그게 그런 소리였구나' 하고 깨달음이(?) 올 때가 있을 테니까요. 지루함을 잘 느끼는 분이라면 뒤에서 부터 시작하거나 무작위로 페이지를 펼쳐 공부하는 것도 좋은 방법이죠.

목
차

chapter 01 • **나에 대해 말하고 싶어 | I am...**

012 • I'm 뒤에는 '나'를 나타내는 명사를 | I'm + 명사
014 • I'm 뒤에 오는 형용사는 「나의 상태」를 나타낸다 | I'm + 형용사
016 • 동사의 과거분사형도 형용사처럼 쓰인다구! | I'm + 과거분사
018 • 아니? I'm 뒤에 on이 나올 수도 있다구? | I'm + 전치사 + 명사
020 • 숙어처럼 쓰이는 표현은 걍 외워야지~ | I'm ~ 형태의 관용어구
022 • 미안하다니깐~ | I'm sorry ~
024 • 나 지금 ~하는 중이라구 | be + ~ing
026 • I'm going은 무조건 「가고있는 중」이 아냐 | I'm going ~
028 • 확인이 필요해 | Am I + 형용사/~ing/과거분사 ~?

chapter 02 • **당신은 누구시길래 | You are...**

032 • '너'에 대해 말해볼까? - 명사로 말하기 | You are + 명사
034 • '너'에 대해 형용사로 말하기 | You are + 형용사
036 • 너 지금 ~하고 있구나 | You're + ~ing
038 • 당신은 누구시길래 | Are you + 명사 ~?
040 • 쓰임새 풍부한 'Are you + 형용사?' 질문 | Are you + 형용사 ~?
042 • 과거분사형을 써서 물어보기 | Are you + 과거분사 ~?
043 • 너 지금 ~하는 거니? | Are you + ~ing?

chapter 03 • **내 주변의 것들에 대해 말할 때 | This is ~**

046 • This는 물건만 가리키는 게 아니야 | This is + 명사
048 • This의 상태가 어떻다고? | This is + 형용사
050 • 바로 이거야! | This is what[why] ~ + 절
052 • 앞일을 예상해보자구 | This is going to + 동사
054 • 바로 앞의 사물, 현재의 사실에 대해 물어볼 때 | Is this + 형용사/명사 ~?
058 • 이번이 처음이야? | Is this your first + 명사 ~?

chapter 04 • **상대방의 말에 반응을 보일 때 | That is~**

062 • 그건 말이지~ | That is + 형용사/전치사구/명사
064 • 명사절을 만들어봐봐~ | That is + 명사절
066 • 앞으로의 일도 말할 수 있다니까 | That will[would] + 동사원형
068 • be동사 말고 다른 동사는 안되나? | That + 일반동사
070 • ~인 것 같아 | That sounds + 형용사/명사(절)

chapter 05 • **주어가 명확하지 않을 땐 만만한 가주어 It | It is ~**

074 • It은 '그것'뿐이 아니라구 | It's + 형용사/과거분사/명사/전치사구
076 • 그 유명한 '가주어' It | It's + 형용사/명사/부사 + to부정사/that절

078 · Is it ~ ?으로 물어보기 | Is it+형용사/명사/전치사구 ~?
080 · It과 함께 쓰이는 일반동사들 | It+일반동사
082 · 시간이 필요해 | It takes+명사~
084 · 내 생각을 부드럽게 말할 때 | It seems ~

chapter 06 · **나도 어엿한 주어! 사물주어의 활용법**

088 · 무생물, 주어로 등극 | 사물주어+동사
090 · 무생물, be동사와 결합 | 사물주어+be ~

chapter 07 · **"여기", "저기"로 해석되지 않는 Here와 There**

094 · 상대에게 뭔가를 건넬 땐 Here를 | Here is(are)+명사
096 · '거기'가 아니라니까! | There is(are)+명사

chapter 08 · **유능한 동사 도우미, 조동사의 세계로**

100 · ~하고 싶은데요 | I'd like+명사/to+동사
102 · 좀더 조심스럽게 '~하고싶다' 말하기 | I'd rather+동사/절
104 · 부탁할 땐 예의바르게 Would로 물어보자 | Would[Could] you+동사원형?
106 · ~하실래요? | Would you like+명사/to부정사~?
108 · ~하면 나 미워할 거나고??? | Would you mind+~ing/if절~?
110 · 난 할 수 있다구! | I can+동사원형
112 · can으로 허락하노니… | You can+동사원형
114 · can이 이런 것까지 해줘도 되나구~ | Can I[you]+동사원형~?
116 · 윤허해주시옵소서~ | May I+동사원형~?
118 · 꼭 그렇게 하고야 말겠어 | 주어+will+동사원형
120 · Will로 의향 물어보기 | Will+주어+동사원형~?
122 · Shall로 물어보면 적극적인 제안의 표현 | Shall+주어+동사원형~?
124 · '~해야지' 하고 타이를 땐 should를 | You should+동사원형
126 · have to도 '~해야한다'는 뜻 | I have to+동사원형
128 · '네'가 해야 할 일은 You have to~로 | You have to+동사원형

chapter 09 · **Have와 Get만 알아도 영어회화 반은 성공**

132 · have는 '갖고 있다'는 의미 | I have+명사
136 · 남이 해준 일, 남에게 해준 일도 have로 | I have+명사+과거분사/~ing/동사원형
138 · 너도 갖고 있단 말이지 | You have+명사
140 · '갖고 있는지' 물어보기 | Do you have+명사?
142 · 만능동사 get, 당신의 능력을 보여주세요 | get+명사
144 · 상태의 '변화'를 강조하는 get | get+형용사/과거분사
146 · 그밖에 get의 주요 쓰임새 | get+목적어+명사/형용사/과거분사
150 · have got은 또 뭐냐고요~ | have got

chapter 10 ● **표현을 더욱 풍부하게 해주는 기본 동사 모음**

154 ● 좋아해*^^* | I like + 명사/to부정사/~ing
156 ● 이런 건 싫다구 | I don't like + 명사/to부정사/~ing
158 ● like로 좋아하는지 물어보기 | Do you like + 명사/to부정사/~ing?
160 ● 나도 안다구 | I know + 명사/명사절
162 ● 몰라 몰라 몰라 | I don't know + 명사/명사절
164 ● 너 그거 아니? | Do you know + 명사/명사절~?
166 ● '내 생각엔 이렇다'고 부드럽게 말하기 | I think + 주어 + 동사
168 ● 네 생각은 어떤지 물어보기 | Do you think + 주어 + 동사~?
170 ● 즐거웠어~ | I enjoyed + 명사/~ing
172 ● feel? 음… 느낌이 온다, 와 | feel + 형용사, feel like + ~ing
174 ● 강렬하게 원할 땐 need로 표현해봐 | need + 명사/to + 동사
176 ● 나는 I hope~로 소망한다 | I hope + 주어 + 동사
178 ● wonder로 궁금해하기 | I wonder + 명사절
180 ● 예전에 그랬다구 | I used to + 동사
181 ● look, 겉으로 보이는 모습을 말할 때 | You look + 형용사
182 ● mean, 제대로 알아들었나 확인사살 | (Do) You mean + 명사/명사절?

chapter 11 ● **간단하게 할 수 있는 말은 어렵게 할 필요 없다**

186 ● Thank you뿐만이 아닌 고마움의 표현들 | Thank you
188 ● 실례합니다~ | Excuse me
190 ● Just, 다른 것 말고 그것만 | Just + 명사
191 ● '오늘도 좋은 하루 되라'는 인사는 어떻게 하지? | Have a nice + 명사
192 ● 갈때 가더라도 작별인사는 제대로 | See you + 부사(구)
193 ● Good을 이용해 기분좋은 말 해주기 | Good + 명사
194 ● 때와 장소에 맞는 축하인사들 | Happy + 특별한 날
196 ● No와 Not 활용해서 간단히 말하기 | No + 명사, Not + 형용사/부사
198 ● 수나 양이 정확하지 않을 땐 any를 | Any + 명사?, Anything + 수식어구?
200 ● 복잡한 전치사의 세계, 이것만이라도… | 전치사 + 명사

chapter 12 ● **대화를 신명나게 하는 영어 추임새**

204 ● 동의를 구할 땐 부가의문문을 | It is ~, isn't it?
206 ● 요구사항은 please로 부드럽게 | 동사원형/명사, please
208 ● 정말이야? | 되물어보는 표현들
210 ● I see는 '보인다'가 아니야 | 「알았다」는 의미의 표현들
211 ● 알았어, 그렇게 할게 | 동의하는 표현들
212 ● 말 꺼내기 | 서두를 떼는 표현들
213 ● what으로 감탄문 만드는 법 | What a + 명사!
214 ● 한단어로 감탄하기 | 형용사/부사!

216 • 무뚝뚝한 yes/no, 한마디만 더 | Yes, ~ /No, ~

chapter 13 ● **명령문을 만들려면 동사, 앞으로~**

220 • Be동사, 앞으로 | Be＋형용사/명사/전치사구
222 • Go, 앞으로 | Go＋부사/전치사구/to부정사
224 • 명령문에 자주 등장하는 Take와 Turn | Take＋명사, Turn＋부사
226 • 그밖의 동사들을 이용한 명령문 | 동사원형＋부사/전치사/명사
230 • ~하지 마 | Don't＋동사원형
232 • Let을 이용한 명령문 만들기 | Let us〔me〕＋동사원형

chapter 14 ● **의문사 100% 활용하기**

236 • '정체'를 물어볼 땐 What | What＋be동사/조동사~?
240 • '원인'을 묻는데도 What을 쓸 수 있다구? | What makes you＋동사원형?
242 • '언제'냐고 물어볼 땐 When | When＋be동사/조동사~?
244 • '어디'냐고 물어볼 땐 Where를 | Where＋be동사/조동사~?
246 • '누구'냐고 물어볼 땐 Who를 | Who＋be동사/조동사~?
248 • Why로 '이유'도 묻고 '제안'도 하고 | Why＋be동사/조동사~?
250 • How는 '어떻게,' 혹은 '어떤지' | How＋be동사/조동사~?
252 • How many는 '수'를, How much는 '양'을 | How many/much ~?
254 • '어느 것'이냐고 물어볼 땐 Which | Which(＋명사)＋be동사/조동사~?
256 • 빙 돌려 물어보기 | Can you tell me＋의문사~?

chapter 15 ● **문법에서 건진 영어회화 필수표현**

260 • 어제, 오늘, 그리고 내일 일을 말할 때 | 현재·과거·현재완료 시제
262 • 가정법, 그냥 한번 상상해볼 때 | 가정법 현재·과거·과거완료
264 • 세상에, 이런 것도 다~ 가정법이었구나 | 가정법 관용표현들
266 • as ~ as로 비슷비슷한 것들 비교하기 | ~ as＋형용사(부사)＋as＋명사/절
268 • 이런 것도 알아두셔야 해요~ | 그밖에 놓치면 서운할 구문들

One Point Lessons

057 • 어떤 일을 '당하는' 것 : 수동태
069 • 말할 땐 '언제적' 얘긴지 확실히 : 시제
081 • 앞의 명사를 보충설명하는 '관계대명사 절'
149 • get이 들어가는 주요 표현 모음
209 • '너의 말을 이용하여' 너의 말을 듣고 있다고 표시해주기
229 • 명령문 형태의 유명한 그 한 마디

나에 대해 말하고 싶어

I am ...

처음 만난 사람에게 자기소개할 때가 아니더라도
나(I)에 대해 할 얘기는 무궁무진한 법이죠.
나에 대해 나만큼 잘 아는 사람이 어디있겠어요.
여기에서는 'I'를 주어로 하는, 「나는 …이다」라는
문형을 연습해보기로 해요.

I'm 뒤에는 '나'를 나타내는 명사를

기본패턴형

I'm+명사

영어를 처음 배우던 때가 어렴풋이 떠오르는 자기소개 필수표현이죠. 처음 만나 이름을 말할 때, 직업이 무엇인지 얘기할 때 꼭 써야 되는 표현이에요.

 응용1 I'm~ 다음에 다양한 명사를 넣어봅시다.

I'm **Jin-a**
명사

「난 진아야」, 「난 진아라고 해」라는 자기소개의 표현입니다. 이처럼 I'm 뒤에는 이름, 직업, 지위, 자격 등을 나타내는 명사가 오는데요, 'I' 와 그 명사의 관계는 '동격' 이어야 하죠(I=Jin-a).

I'm **Korean**	난 한국사람이야.
I'm **a lawyer**	전 변호삽니다.
I'm **her boyfriend**	내가 걔 남자친구야.
I'm _____	제가 그 남자 동생이죠.

정답: his brother[sister]

 이렇게 얘기해봐요!

A: You know Samantha, right?
B: Yes, I'm her boyfriend.

A: What kind of job do you do?
B: I'm a lawyer.

A: 사만다랑 아는 사이죠, 그렇죠?
B: 그럼요, 전 사만다 남자친구인걸요.

A: 무슨 일을 하시나요?
B: 변호사입니다.

응용 2

I'm＋명사에 다양한 전치사구를 붙여봅시다.

I'm a member of a golf club
　　　명사　　　　　　전치사(of)＋명사

「난 골프 클럽 회원이야」라는 말이죠. 앞의 I'm＋명사의 구조에서 명사에 대해 더 구체적인 이야기를 하고 싶을 때 사용하는 문형입니다. 명사 뒤에 '전치사＋명사' 형태의 수식어구를 붙여주면 돼요.

I'm a student at Harvard	난 하버드 대학의 학생이야.
I'm one of his friends	난 그 사람의 친구야.
I'm a fan of Choi Hee-seop	난 최희섭의 팬이야.
I'm _____	난 그 동아리의 리더야.

정답 : the leader of the club

이렇게 얘기 해봐요!

A: I'm a member of the school's golf club.
B: What a coincidence! So am I.

A: Do you like baseball?
B: Very much. I'm a fan of Lee Seung-yup.

A: 난 학교 골프 동아리 회원이야.
B: 이런 우연이 있나! 나도야.

A: 야구 좋아해?
B: 아주 좋아하지. 이승엽의 팬이야.

I'm 뒤에 오는 형용사는「나의 상태」를 나타낸다

기 본 패 턴 대 표 형

I'm + 형용사

I'm 뒤에는 명사 말고도 형용사가 올 수 있는데, 이 형용사는 주어인 'I'가 기쁜지, 슬픈지, 만족하는지, 잘하는지, 못하는지 등등의「상태」를 나타냅니다.

응용 I'm~ 다음에 다양한 형용사를 넣어봅시다.

1 I'm happy
형용사

「난 행복해」,「만족해」라는 의미죠. I'm + 명사의 경우에서 'I'와 명사는 동격 관계이지만, I'm + 형용사에서 형용사는 주어 'I'의 '상태'를 나타냅니다.

I'm depressed	우울해.
I'm so tired	굉장히 피곤해.
I'm ready	준비됐어.
I'm serious	나 지금 심각해(농담아냐).
I'm late	늦었어요. (보통 I'm sorry 다음에)
I'm _____	난 괜찮아.

정답: fine[okay, all right]

A: I'm happy because tomorrow is a holiday.
B: What do you plan to do?

A: I'm so tired. I've been studying all night.
B: Why don't you take a break?

A: 내일이 휴일이라 기뻐.
B: 뭐 할 건데?

A: 너무 피곤해. 밤새 공부했거든.
B: 잠깐 쉬지 그래?

응용 **2** I'm+형용사 **다음에 다양한** 전치사+명사**를 붙여봅시다.**

I'm **happy with that**
　　　　　　형용사　　　　　전치사+명사

「난 그것에(with that) 만족해」, 「그것 때문에 기뻐」라는 의미입니다. 무엇 때문에 혹은 무엇에 관해서 그러한 상태인지를 나타내려면 형용사 뒤에 '전치사+명사'의 형태로 그 대상을 표현해주죠.

I'm depressed about my divorce	난 이혼해서 우울해.
I'm good at swimming	난 수영을 잘 해.
I'm mad at you	나 너한테 화났어.
I'm sick of her lies	걔 거짓말에는 넌더리가 나.
I'm allergic to strawberries	난 딸기 알레르기가 있어.
I'm _____ of you	난 네가 자랑스러워.

divorce 이혼, 이혼하다.　　　　　　　　　　　　　　　　　　　　　　　　pɹoud :정답

 A: I'm mad at her.
B: Oh? Why is that?

A: Come here and try some of this.
B: I can't. I'm allergic to peaches.

A: 나 걔한테 화났어.
B: 이런, 뭣 때문에?

A: 이리 와서 이것 좀 먹어봐.
B: 안돼. 난 복숭아 알레르기가 있어.

→ 영어회화 지식Box: be good at

be good at은 「…에 능숙하다」, 「…를 잘한다」라는 의미입니다. 보통 「난 수영을 잘 해」를 영작하라고 하면 I swim (very) well이라든가 I can swim (very) well을 떠올리는 경우가 많지만, 사실 영어식 표현으로는 I'm good at swimming이라고 한다든가 I am a good swimmer라고 하는 표현이 좀더 일반적이랍니다. 물론 I can swim well이 어법상 틀린 표현은 아니지만요.^^*

동사의 과거분사형도 형용사처럼 쓰인다구!

기본패턴문형
I'm + 과거분사

동사의 과거분사형도 I'm 뒤에 와서 형용사처럼 'I'가 처한 상황이나 상태를 나타내 줄 수 있답니다. 먼저 각 동사의 변화형(현재-과거-과거분사)을 잘 알고 있어야 자유자재로 활용할 수 있겠죠?

 응용 1 I'm~ 다음에 다양한 과거분사를 넣어봅시다.

I'm lost
과거분사 형태

「나 길을 잃었어」라는 의미입니다. I'm 뒤에 동사의 과거분사 형태가 온 경우죠. 뭐 굳이 '과거분사형'이니 뭐니 따지지 않더라도 여기 나오는 표현들 만큼은 일단 외워두고 보자구요.

I'm done	(일 등이) 끝났어.
I'm worried	걱정돼.
I'm confused	헷갈려(혼란스러워).
I'm embarrassed	당황스러워(창피해).
I'm surprised	놀랐어.
I'm _____	나 결혼했어.

정답: married

 이렇게 얘기 해봐요!

A: I'm confused. Where is his apartment?
B: It's in this neighborhood.

A: Can you help me? I'm lost.
B: Sure. Where do you want to go?

A: 헷갈리네. 걔네 집이 어디인 거야?
B: 이 근처에 있어.

A: 좀 도와주실래요? 길을 잃었어요.
B: 그러죠. 어디 가시려고요?

I'm **married** to Sean

과거분사 형태 　　전치사＋명사

「나 선하고 결혼했어」, 「선하고 부부야」라는 말이죠. 과거분사 뒤에 '전치사＋명사'의 형태를 다양하게 덧붙여 부연설명을 할 수 있습니다.

I'm **lost** in the woods	숲속에서 길을 잃었어요.
I'm **stuck** in traffic	(지금) 차가 막혀서 꼼짝달싹 못해.
I'm **worried** about him	그 사람이 걱정돼.
I'm ＿＿＿＿＿＿＿	난 정치에 관심있어.

be stuck 못움직이게 되다　traffic (차, 사람 등의) 왕래, 교통량.　정답: interested in politics

A: Is that woman your girlfriend?
B: No, I'm married to her.

A: Are you on your way home right now?
B: Yes, but I'm stuck in traffic.

A: 저 여자가 네 여자친구지?
B: 아니, 내 아내야.

A: 지금 집에 오는 길이야?
B: 응, 근데 차가 막혀서 꼼짝달싹 못해.

I was **interested** in Jerry

be동사의 과거형 　　과거분사 형태

「난 (예전에) 제리한테 관심있었지」라고 회상하는 표현이지요. be동사가 과거로 '과거'의 상태·상황을 말하게 됩니다.

I was **worried** about him	그 사람을 걱정했더랬어.
I was **married** to her	그 여자하고는 전에 부부였지.
I was **caught** in a shower	소나기를 만났어.
I was **stuck** in traffic	차가 막혀서 꼼짝달싹 못했어.

shower 소나기

A: Did you ever date Mary?
B: No, but I was interested in her.

A: My gosh! You are really soaked.
B: Yes, I am. I was caught in a shower.

A: 너 메리하고 데이트 한 적 있어?
B: 아니, 하지만 예전에 걔한테 관심있었지.

A: 세상에! 정말 흠뻑 젖었구나.
B: 응. 소나기를 만났어.

아니? I'm 뒤에 on이 나올 수도 있다구?

기본패턴유형
I'm + 전치사 + 명사

이번에는 I'm 다음에 명사나 형용사가 없이 바로 전치사가 오는 경우입니다. 좀 당황스럽고 낯설지만 거의 굳어진 표현들, 즉 숙어표현이 대다수이죠. 주요표현들만 잘 기억해두면 부담없이 쓸 수 있습니다.

 I'm~ 다음에 다양한 전치사구를 넣어봅시다.

I'm **on a diet**
전치사구

「다이어트 중이다」라는 의미의 숙어 be on a diet를 활용한 표현입니다. 아래의 표현들을 하나하나 외우면서 I'm+전치사 문형에 익숙해지세요.

I'm **at work**	나 일하고 있어(일터에 있어).
I'm **in trouble**	곤경에 처했어.
I'm **with you**	나도 같은 생각이야(동감이야).
I'm **against the policy**	난 그 정책에 반대해
I'm **on vacation**	나 휴가중이야.
I'm _____	난 사랑에 빠져 있어.

policy 정책, 방침

정답: in love

A: Give me a hand. I'm in trouble.
B: What kind of help do you need?

A: What would you like for dinner?
B: I'm on a diet. I'll have tuna salad without any dressing.

A: 도와줘. 난처한 일이 생겼어.
B: 어떤 도움이 필요한 거야?

A: 저녁 뭐 먹을래?
B: 나 다이어트 중이야. 소스 아무 것도 뿌리지 않은 참치 샐러드를 먹을래.

I'm~ 다음에 다양한 부사를 넣어봅시다.

I'm back
부사

I'm 다음에 달랑 부사 하나가 온 특이한 경우입니다. 「나 돌아왔어」, 「다녀왔어」라는 의미로 경우의
수가 많지 않으니까 그냥 통문장(몇 단어 없지만 그래도 문장은 문장!)으로 외워두세요.

I'm **in**	난 낄래(게임 등에).
I'm **out**	난 빠질래.
I'm **off tomorrow**	나 내일 비번이야.

A: I'm back. **Did anyone call?**
B: Yes, a woman named Clair called.

A: Do you want to join us for dinner?
B: I'm in. **Where do you want to go?**

A: 다녀왔어요. 전화 왔었나요?
B: 네, 클레어라는 여자분이 전화했어요.

A: 우리랑 같이 저녁 먹을래?
B: 같이 갈래. 어디 가려고 하는데?

숙어처럼 쓰이는 표현은 걍 외워야지~

기본패턴문형
I'm ~ 형태의 관용어구

I'm sure＋주어＋동사(틀림없이 …야), I'm glad＋주어＋동사[to 부정사](…하게 되어 기쁘) 등과 같이 굳어진 표현들은 달달 외워두세요. I'm sure나 I'm glad 다음에 다양한 문장 혹은 구를 붙여가면서 많은 문장을 만들 수 있습니다.

확신한다는 의미의 I'm sure~ 구문을 만들어 봅시다.

I'm sure I can do it
<u>절</u>

「난 그걸 할 수 있다고 확신해」, 즉 「난 틀림없이 할 수 있어」라는 말이에요. I'm sure 뒤에 '주어＋동사'가 오는 경우로, 「…를 확신한다」, 「…이 틀림없다」는 의미입니다.

I'm sure I locked the door	난 틀림없이 문을 잠궜어.
I'm not sure Jimmy did it	지미가 그 일을 했는지는 잘 모르겠어.
I'm not sure he will come	걔가 올지 잘 모르겠어.
I'm sure she will help us	걔는 틀림없이 우릴 도와줄 거야.
I'm sure _____	걔는 널 사랑하지 않아, 틀림없어.

정답: he[she] doesn't love you

A: Did you invite Andy?
B: Yes, but I'm not sure he will come.

A: I'm sure she doesn't love you.
B: How can you be so certain?

A: 앤디 초대했니?
B: 응, 하지만 올지 모르겠어.

A: 걘 널 사랑하지 않아, 틀림없어.
B: 어떻게 그렇게 단정지어?

응용 2

유감이지만 …이다라는 의미의 I'm afraid~ 구문을 만들어 봅시다.

I'm afraid I didn't do it

절

「(유감이지만) 제가 한 게 아닌데요」란 말입니다. I'm afraid는 상대방의 말이나 의견과 어긋난 얘기를 할 때, 혹은 안좋은 일에 대해서 「예상과 틀려서 유감이지만」, 「아니라면 좋겠지만」이라는 의미로 예의바르게 붙이는 말이에요. 뒤에 '주어+동사'를 붙여 말해보세요.

I'm afraid **you have the wrong number**	잘못 거신 것 같네요. (전화에서)
I'm afraid **so**	(유감이지만) 그런 것 같네요.
I'm afraid **not**	(유감이지만) 그렇지 않은 것 같네요.
I'm afraid ______________________	유감스럽지만 널 도와줄 수가 없어.

정답: I can't help you

이렇게 얘기 해봐요!

A: You always drink my orange juice.
B: I'm afraid I didn't do it this time.

A: 넌 늘 내 오렌지주스를 마시더라.
B: 미안하지만 이번엔 안그랬어.

A: Can I speak to your boss?
B: I'm afraid not. He's very busy right now.

A: 윗분과 얘기할 수 있을까요?
B: 죄송하지만 그럴 수 없겠네요. 지금 굉장히 바쁘세요.

응용 3

…하게 되어 기쁘다는 의미의 I'm glad~ 구문을 만들어 봅시다

I'm glad to hear that

to+동사원형 또는 절

「그 얘기를 들으니 기쁘구나」라는 말입니다. 「…해서 기쁘다」는 의미의 I'm glad 뒤에는 'to+동사원형'이 올 수도 있고, 앞의 두 경우처럼 '주어+동사'의 절이 올 수도 있습니다.

I'm glad **to meet you**	만나게 되어 반갑습니다.
I'm glad **you are here**	네가 와줘서 기뻐.
I'm glad ______________	맘에 든다니 기뻐.

be here 여기 와 있다(보통 come이나 go 대신 be here, be there를 쓴다)

정답: you like it

이렇게 얘기 해봐요!

A: She told me that she feels much better.
B: I'm glad to hear that.

A: 걔가 그러는데 훨씬 나은 것 같대.
B: 그 얘길 들으니 기쁘군.

A: Thank you for the present. These are lovely ear rings.
B: I'm glad you like them.

A: 선물 고마워. 귀걸이 예쁘더라.
B: 맘에 든다니 기뻐.

미안하다니깐~

기 본 때 대 문 형

I'm sorry ~

「미안」하면 바로 떠오르는 I'm sorry는 반드시 잘못을 사과할 때만 쓰는 표현은 아닙니다. 안좋은 일을 당한 상대방에게 「안됐다」, 「유감이다」라고 말할 때도 쓰죠. 또한 I'm so sorry, I'm terribly sorry 처럼 강조할 수도 있고 I'm sorry 다음에는 about + 명사, to + 부정사, 그리고 절 등이 다양하게 올 수 있습니다.

I'm sorry~ 다음에 about + 명사를 넣어봅시다.

I'm sorry **about that**
about + 명사

「그 일은 참 미안하게 됐어」, 또는 「그 일은 참 안됐다」는 의미입니다. I'm sorry 뒤에 about + 명사의 형태로 「…해서(하게 되어) 미안해」, 또는 「…해서(하게 되어) 안됐다」는 의미를 나타낼 수 있어요.

I'm sorry **about him**	그 사람 일은 참 안됐어(미안해).
I'm sorry **about her behavior**	걔가 그런 식으로 굴다니, 미안해.
I'm sorry **about your problems**	네 문제들은 유감이야.
I'm sorry _____	어젯밤 일은 안됐다(미안해).

정답 : about last night

A: Do you want to break up with me?
B: I have to. I'm sorry about that.

A: Oh no! My husband is drunk. I'm sorry about his behavior.
B: Don't worry about it.

A: 나하고 헤어지고 싶은 거야?
B: 그래야겠어. 미안해.

A: 어머 이런! 제 남편이 취했네요. 죄송해요.
B: 괜찮아요.

응용 2

I'm sorry~ 다음에 다양한 to부정사를 넣어봅시다.

I'm sorry **to hear that**

to부정사

「그런 얘길 듣게 되어 유감이구나」, 「안됐다」는 의미입니다. I'm sorry 뒤에 to+동사원형의 형태가 오는 경우로, 「…해서(하게 되어) 미안해」, 또는 「…해서(하게 되어) 안됐다」는 의미의 문장을 만듭니다.

I'm sorry **to bother you**	성가시게 하는 것 같아 죄송합니다.
I'm sorry **to say we must break up**	이런 말 해서 미안하지만 우리 헤어져야겠어.
I'm sorry _____	번거롭게 해서 미안해.

bother …를 성가시게 하다 **break up** (연인·부부가) 헤어지다, 갈라서다

정답: to trouble you

A: I was fired from my job.
B: Really? I'm sorry to hear that.

A: 회사에서 짤렸어.
B: 진짜야? 안됐다.

응용 3

I'm sorry~ 다음에 다양한 문장을 넣어봅시다.

I'm sorry **I'm late**

주어+동사

「늦어서 죄송해요」라는 말이죠. 무엇이 미안한지 미안한 '이유'를 I'm sorry 다음에 (that) 주어+동사의 형태로 나타내는 경우입니다. 이때의 that은 보통 생략하는 경우가 많죠. 아직 저지르지 않은 미안한 행동에 양해를 구하거나 변명을 할 때에도 I'm sorry , (but) 주어+동사의 형태로 말해요. 보통은 that이나 but을 생략하기 때문에 형식이 비슷해 보입니다.

I'm sorry **(that) I missed your birthday party**	미안해, 생일파티에 못갔네.
I'm sorry, **(but) I didn't catch your name**	죄송해요, 이름을 못들었어요.
I'm sorry, **(but) I can't say**	미안하지만 말할 수 없어.
I'm sorry, **(but)** _____	미안하지만, 오늘 밤 경기에 못가.

catch 알아듣다, 파악하다 | miss 놓치다, 빠뜨리다

정답: I can't go to the game tonight

A: I'm sorry, I didn't catch your name.
　 What is it?
B: Please call me Benson.

A: 죄송해요, 이름을 못들었어요.
　 이름이 뭐죠?
B: 벤슨이라고 불러주세요.

A: I'm sorry I missed your birthday party.
B: That's okay... but you owe me a gift!

A: 생일파티 못가서 미안해.
B: 괜찮아… 하지만 선물은 줘야 돼!

* owe me a gift 나에게 선물을 빚지다. 즉 「내게 선물을 줘야한다」는 의미.

나 지금 ~하는 중이라구

be+~ing

동사의 진행(be+~ing)으로 동작이 지금 계속 진행중임을 나타내는 표현방식입니다. 또한 go, come 등 왕래발착 등의 동사에서 특히 그렇듯이 be+~ing 진행형은 진행 뿐만 아니라 가까운 미래를 나타낼 때도 쓰입니다.

 응용 **1** I'm~ 다음에 다양한 동사의 ~ing 형태를 넣어봅시다..

I'm just looking
be동사   ~ing

쇼핑시 점원에게 그냥 구경 중이라고 얘기할 때 쓰는 표현으로 「그냥(just) 둘러보는 중이에요」라는 뜻입니다. I'm+~ing 혹은 I was +~ing의 형태로 내가 현재하고 있는 동작이나 가까운 미래에 할 일을 혹은 과거에 진행중인 일이나 과거시점에서 앞으로 할 일들을 표현할 수 있습니다.

I'm **working on it**	지금 그거 하고 있는 중이야.
I'm **coming**	지금 가요. (누가 부를 때)
I'm **going**	난 갈 거야. (참석 여부 등을 말할 때)
I'm **waiting for the right moment**	적당한 시기를 기다리고 있는 중이야.
I'm **going with Jack**	잭하고 같이 갈 거야.
I was **talking about Jim when he called**	짐이 전화했을 때, 난 걔 얘길 하고 있는 중이었어.
I'm _____	TV를 보고 있는 중이야.

work on …에 대한 일을 하다.　　　　　　　　　　　　　　　　정답 : watching TV

 이렇게 얘기 해봐요!

A: Where is the report I asked for?
B: I'm working on it. I'll be finished soon.

A: Are you going to ask Kate on a date?
B: I'm waiting for the right moment.

A: 내가 부탁한 보고서는 어디있죠?
B: 지금 하고 있어요. 곧 끝날게요.

A: 케이트한테 데이트 신청하려고?
B: 적당한 시기를 기다리고 있는 중이야.

He, She 등 다양한 주어 다음에 be+~ing 형태를 넣어봅시다.

He is talking on the phone
be동사+ ~ing

be+~ing 형은 아주 많이 쓰이는 표현방식으로 주어가 'I' 일 때 뿐만 아니라 He, She, They 등 다양한 주어와 함께 사용됩니다. 물론 You도 빠질 리는 없죠. You're ~ing의 형태는 p.36에 나와 있습니다.

He is having **fun at the beach**	걘 해변에서 즐거운 시간을 보내고 있어.
They are hanging **out at the mall**	걔들은 쇼핑몰에서 놀고 있어.
She is going **to Paris tomorrow**	걔 내일 파리로 가.
She is _____	걘 널 기다리고 있는 중이야.

hang out 특별히 하는 일 없이 빈둥거리며 놀다   정답: waiting for you

A: Do you know where Peter and Marc are?
B: They are hanging out at the mall.

A: 피터하고 마크 어디 있는지 알아?
B: 쇼핑몰에서 어슬렁거리고 있지.

A: I need to speak with your boss.
B: He is talking on the phone.

A: 당신 상사하고 얘기해야겠어요.
B: 통화중이십니다.

→ 영어회화 지식 Box: to 다음엔 명사? 아니면 동사?

to는 뒤에 명사를 받는 「전치사」로도 쓰이고 to+동사원형이라는 'to부정사' 의 모양새를 갖출 때도 쓰이기 때문에, 가끔씩은 to 다음에 명사를 써야 하는지 동사를 써야 하는지 헷갈릴 때가 있어요. 하지만 무슨 법칙이 따로 있는 게 아니라 개별 단어의 쓰임새에 따라 달라지니, 되도록 많은 문장을 접하면서 어떤 단어에 'to부정사' 를 쓰고 어떤 단어에 「전치사 to+명사」를 쓰는지 익히도록 해야 합니다.

❶ He is trying **to meet** her again (to+동사원형) 걘 셀리를 한번더 만나려 애쓰고 있어.

❷ She is looking forward **to the party** tonight (to+명사) 걘 오늘 밤 파티를 기대하고 있어.

❸ They are looking forward **to seeing** you (to+~ing) 걔들은 널 만나는 걸 기대하고 있어.

참고로 try to+동사원형은 「…하려고 애쓰다」, 「한번 …해보다」라는 의미구요, look forward to+명사는 어떤 일을 두근두근하는 맘으로 「기대한다」는 의미죠. to를 비롯한 여러 전치사 다음에는 ❷번처럼 명사가 오거나 ❸번처럼 명사의 한 종류인 동명사(동사+~ing)가 오게 됩니다.

chapter 01 • 나에 대해 말하고 싶어 025

I'm going은 무조건 「가고 있는 중」이 아냐

기본패턴유형
I'm going ~

I'm going~은 두가지 의미로 쓰입니다. I'm going 다음에 부사(there), to+명사(to the library) 혹은 ~ing형(hiking)이 오면 「…에 가다」, 「…하러 가다」라는 의미로 go의 의미가 살아있습니다만, I'm going 다음에 to+동사가 오는 경우인 I'm going to+동사에서는 go의 원래 의미가 상실된 채 단순히 조동사 will과 같이 '미래'를 표시해줄 뿐입니다.

응용 1   I'm going~ 다음에 다양한 to+명사를 넣어봅시다.

I'm going **to the new restaurant**
to+명사(장소)

「새로 생긴 그 식당에 갈 거야」라는 의미죠. 'I'm going+부사'나 'I'm going to+장소를 나타내는 명사'의 형태는 「…로 갈 것이다」, 「…로 가고 있는 중이다」라는 뜻입니다.

I'm going **to the library**	나 도서관 가는 중이야(갈 거야).
I'm going **to a night club**	나이트 클럽 가는 중이야(갈 거야).
I'm going **to Canada this summer**	올 여름엔 캐나다에 갈 거야.
I'm going _____	오늘 밤 경기에 갈 거야.

정답: to the game tonight

A: I'm going to an Indian restaurant for dinner.
B: I didn't know you liked Indian food.

A: Where are you going?
B: I'm going to the library.

A: 저녁 먹으러 인도 식당에 갈 거야.
B: 네가 인도 음식 좋아하는 줄은 몰랐네.

A: 어디 가?
B: 도서관 가는 중이야.

응용 **2**

I'm going~ 다음에 다양한 ~ing를 넣어봅시다..

I'm going **hiking on Sunday**
~ing

「일요일에 등산하러 갈 거야」라는 말입니다. I'm going 다음에 동명사(~ing)가 오는 경우로 「…하러 갈 것이다」라는 뜻입니다.

I'm going **fishing next weekend**	다음 주에 낚시하러 갈 거야.
I'm going **jogging tomorrow morning**	내일 아침에 조깅하러 갈 거야.
I'm going **swimming after school**	학교 끝나고 수영하러 갈 거야.
I'm going _____	내일 쇼핑하러 갈 거야.

정답: shopping tomorrow

A: What are your plans for this weekend?
B: I'm going hiking on Sunday.

A: I'm going jogging tomorrow morning.
B: Can I join you?

A: 이번 주말에 뭐 하려고 해?
B: 일요일에 등산 갈 거야.

A: 내일 아침에 조깅하러 갈 거야.
B: 같이 가도 될까?

응용 **3**

I'm going~ 다음에 다양한 to+동사를 넣어봅시다.

I'm going **to get a driver's license**
to+동사

「운전면허(driver's license)를 딸 거야」라는 말입니다. I'm going to+동사는 「…할 거야」라는 의미로, 미래의 일을 언급하는 표현이죠. I'm planning to+동사의 형태로 바꿔 쓸 수도 있습니다.

I'm going to **marry her someday**	언젠가 걔랑 결혼할 거야.
I'm going to **practice English every day**	매일 영어공부 할 거야.
I'm going to _____	일주일간 머무를 거야.

정답: stay for a week

A: Do you plan to buy a car?
B: Someday. I'm going to get a driver's license first.

A: I'm going to marry her someday.
B: How long have you two been dating?

A: 차를 살 거니?
B: 언젠가는 사야지. 먼저 운전면허를 따려고 해.

A: 언젠가는 걔하고 결혼할 거야.
B: 둘이 얼마나 사귀었는데?

확인이 필요해

기본패턴문형

Am I + 형용사 | ~ing | 과거분사~ ?

평서문을 의문문으로 만들 때 조동사 혹은 be동사가 주어 앞으로 나간다는 사실은 잊지 않았겠지요? 여기선 지금까지 배운 be동사가 들어간 I'm~ 형태의 의문문인 Am I ~ ?의 형태를 알아보기로 합니다.

응용 1

Am I~ 다음에 다양한 형용사를 넣어봅시다.

Am I right?

형용사

「내 말이 맞지?」라는 의미입니다. I'm 뒤에 「형용사」가 오는 문장을 의문문으로 만든 경우죠.

Am I late?	제가 늦었나요?
Am I clear now?	이제 이해가 가나요? (수업 등에서)
Am I late for the meeting?	제가 회의에 늦었나요?
Am I _____ ?	내 말이 틀렸어?

정답 : wrong

이렇게 얘기해봐요!

A: We need to save more money. Am I right?
B: That's a good idea.

A: Has the meeting started? Am I late?
B: No, you're just in time.

A: 우린 돈을 좀더 저축해야 돼. 내 말이 맞지?
B: 좋은 생각이야.

A: 회의 시작됐어요? 제가 늦었나요?
B: 아뇨, 딱 맞게 왔어요.

Am I~ 다음에 다양한 ~ing형태를 넣어봅시다.

Am I calling too late?
~ing

상대방에게 밤늦게 전화한 경우에 「너무 늦게(too late) 전화한 건가요?」라고 물어보는 표현입니다. 이렇게 I'm+~ing 형태의 현재진행형 문장을 의문문으로 만들어 지금 내가 하고 있는 행동에 대해 물어볼 수 있습니다.

Am I interrupting?	제가 방해하는 건가요?
Am I wasting my time?	내가 지금 시간낭비 하고 있는 건가?
Am I asking for too much?	내가 요구하는 게 너무 많은가요?
Am I _____?	제가 너무 빨리 말하나요?

interrupt (남의 말이나 행동을) 중단시키다, 방해하다

정답: talking too fast

A: Am I calling too late?
B: Actually, yes. I was sleeping. Let's talk tomorrow.

A: Am I asking for too much?
B: No, not at all. Please request whatever you want.

A: 내가 너무 늦게 전화했나?
B: 실은 좀 그래. 자고 있는 중이었어. 내일 얘기하자구.

A: 제가 요구하는 게 너무 많은가요?
B: 전혀 아니에요. 뭐든 요청하세요.

Am I supposed to~ 다음에 다양한 동사를 넣어봅시다.

Am I supposed to meet him today?
과거분사   동사

「내가 그 사람을 오늘 만나기로 되어 있나?」라는 말입니다. 'be supposed to+동사'는 「…하기로 되어있다」, 「…하는 것이 당연하게 받아들여지다」라는 의미예요. 건망증이 있는 사람이거나 상황 파악 잘 안되는 사람이라면 필히 알아두어야 할 의문문이겠죠?

Am I supposed to go there?	내가 거기 가야 하나?
Am I supposed to be laughing?	웃어야 되는 거야? (농담조로)
Am I supposed to stay?	더 있어야 하나?

A: Am I supposed to meet the client today?
B: No, he'll be here to meet you tomorrow.

A: 내가 오늘 고객을 만나기로 되어있던가?
B: 아닙니다. 그분은 내일 만나러 오실 겁니다.

02

당신은
누구시길래

You are ...

요즘 세상에 '자기' 얘기만 하다가는
왕따 당하기 십상이죠. 너(You)에 대한 관심도
충분히 나타내 주어야 밝은 세상(?)을 만들 수 있지 않겠어요?
You are...로 시작하는, 「너는 …이다」라고 하는
표현들을 알아보기로 해요.

'너'에 대해 말해볼까? – 명사로 말하기

기본패턴문형
You are + 명사

You are 다음에 '명사'가 올 때, 그 명사는 주어인 You와 동격입니다. 앞의 I'm + 명사의 경우와 마찬가지로요. 「넌 이러이러한 사람이로구나」하고 감탄할 때라든가, 넌 이런 사람이니 본분을 잊지말라고 따끔하게 충고할 때 쓸 수 있는 문형입니다.

응용 1 You're ~ 다음에 다양한 (형용사 +)명사를 넣어봅시다.

You're my best friend
　　　　　소유격 + 형용사　　명사

「넌 최고의 친구야」, 「넌 내 단짝 친구야」라는 말이죠. 이렇게 You are 다음에 '명사' 혹은 '형용사 + 명사'가 와서 상대의 지위나 자격 등을 언급할 수 있습니다. You're a good cook에서와 같이 '잘한다는 뜻을 지닌 형용사 + 사람'의 형태로 「넌 정말 …을 잘하는구나」라는 의미를 나타낼 수도 있지요. 여기서의 cook은 직업적인 「요리사」라기 보다는 「요리하는 사람」 정도의 의미예요.

You're **his girlfriend**	넌 걔 여자친구잖아.
You're **a really nice guy**	정말 좋은 분이세요.
You're **a loser**	형편없는 녀석 같으니라구.
You're **a good cook**	요리를 잘하시네요.
You're _____	너 수영을 놀라울 정도로 잘 하는구나.

정답 : an amazing[a wonderful] swimmer

A: I really like Adam. He's so cute.
B: You're his girlfriend, so you must be happy.

A: You're a very good piano player.
B: Thanks. Would you like me to play another song for you?

A: 애덤이 아주 좋아. 걔 정말 매력있어.
B: 넌 걔 여자친구니까 행복하겠구나.

A: 넌 정말 피아노를 잘 치는구나.
B: 고마워. 한곡 더 쳐줄까?

You're **the only person** **that I can trust**
　　　　　명사　　　　　　　　　　that절(혹은 전치사구)

「넌 내가 믿을 수 있는(I can trust) 단 한 사람이야」, 즉 「믿을만한 사람은 너밖에 없어」라는 말입니다. You're+명사 뒤에 명사를 수식하는 전치사구나 that절을 이어서 말해봅시다.

> You're **the worst husband in the world**　　세상에서 제일 형편없는 남편같으니.
> You're **the right person for this job**　　이 일에는 당신이 적임자입니다.

A: Why are you telling me your secrets?　　A: 왜 네 비밀들을 나한테 말하는 거야?
B: You're the only person that I can trust.　　B: 너는 내가 유일하게 믿을 수 있는 사람
　　　　　　　　　　　　　　　　　　　　　　이니까.

A: Are you going to offer me a chance to　　A: 제가 여기서 일할 기회를 주실 건가요?
　 work here?　　　　　　　　　　　　　　B: 그럼요, 이 일에는 당신이 적임자입니다.
B: Yes, you're the right person for this job.

You're **such a great student**
　　　　　　　　형용사+명사

「넌 정말 훌륭한 학생이야」라는 말입니다. such a+형용사+명사는 「굉장히 …한 사람이나 사물」을 나타내는 표현이죠. 상대방을 칭찬할 때 쓸 수 있는 표현으로 계속 You're very kind만 고집할 게 아니라 You're such a kind person이라고 한번 세련되게 말해보도록 하죠.^^

> You're such a **good driver**　　운전을 참 잘하시네요.
> You're such an **idiot**　　너 정말 멍청하다.
> You're such a **partier**　　정말 굉장한 파티광이로구나.
> You're _____　　굉장히 친절한 분이군요.(고마워요)

idiot 바보, 멍청이　partier 파티에 자주 가는 사람(=partygoer)　　　　정답: such a kind person

A: You look beautiful tonight.　　A: 오늘 참 예쁘시네요.
B: Thanks. You're such a kind person.　　B: 고마워요. 정말 다정한 분이세요.

A: I'm going to go to Jim's party tonight.　　A: 오늘 밤에 짐이 여는 파티에 갈 거야.
B: Go to a party again? I didn't know you were　　B: 또 파티에 가? 이렇게 파티광인 줄은
　 such a partier.　　　　　　　　　　　　　　몰랐는걸.

A: You're such a good driver.　　A: 너 운전을 정말 잘 하는구나.

'너'에 대해 형용사로 말하기

You are＋형용사

이번에는 You're 다음에 형용사나 형용사 역할을 하는 '과거분사'가 와서 주어인 You의
'상태'를 말해보는 문형을 연습해봅니다.

응용1 You're ~ 다음에 다양한 형용사를 넣어봅시다.

You're <u>amazing</u>
　　　　　　　형용사

「넌 대단해」라는 의미죠. 상대방 칭찬에 탁월(?)한 네이티브들이 즐겨찾는 표현입니다. You're 다
음에 다양한 형용사를 써서 상대방에 대한 자신의 생각을 말해보세요.

You're **lucky**	넌 운이 좋구나.
You're **so cute**	너 굉장히 멋있다(예쁘다).
You're **pathetic**	너 참 딱하다.
You're **so mean**	너 정말 못됐어.
You're _____	네가(네 말이) 맞아.

정답: right

A: Did you like the food I cooked?
B: It was great. You're amazing.

A: Can you loan me ten dollars?
B: You're pathetic. You always borrow money.

A: 내가 만든 음식 맛있었어?
B: 정말 맛있었어. 너 정말 대단해.

A: 10달러만 빌려줄래?
B: 너 참 딱하다. 늘 돈을 빌리고만 사니.

응용 2

You're ~ 다음에 다양한 과거분사 형태를 넣어봅시다.

You're **supposed to pick up Stan**

과거분사형

과거분사 또한 형용사처럼 쓰여 역시 주어가 어떤 상황인지를 말합니다. 특히 숙어화된 You're supposed to+동사, You're allowed to+동사 등을 잘 기억해두었다가 활용하시면 도움이 많이 됩니다.

You're **fired**	당신은 해고예요.
You're **married**	넌 결혼한 몸이잖아.
You're **supposed to meet Mr. Hyde**	너 하이드 씨 만나기로 되어있잖아.
You're not **supposed to do that**	너 그러면 안돼.
You're not **allowed to have drinks out here**	음료는 밖으로 가지고 나가실 수 없어요.
You're not **allowed to** _____	여기서 담배 피우시면 안됩니다.

fire 해고하다   정답: smoke here

A: You're supposed to pick up Sally.
B: Well, I'd better leave now.

A: You're not allowed to have drinks out here.
B: Oh, I didn't know that.

A: You're married. **Don't act like a single guy.**
B: I'm not. I was just talking to these girls.

A: 너 샐리를 마중나가야 하잖아.
B: 응, 지금 출발해야겠다.

A: 음료는 밖으로 가지고 나가실 수 없습니다.
B: 어머, 몰랐어요.

A: 넌 결혼한 몸이야. 총각처럼 행동하지 마.
B: 안그래. 그냥 이 여자분들하고 얘기 좀 나눴을 뿐이야.

→ 영어회화 지식Box: You're welcome

Welcome to Seoul(서울에 오신 것을 환영합니다)와 같이 welcome의 동사 옹법에만 익숙한 분들이라면 You're 다음에 welcome이 온 것에 대해 한번쯤 고개를 갸우뚱했을 법도 한데요, welcome은 동사뿐 아니라 여기서처럼 형용사로 쓰이기도 하고 명사의 옹법도 있다고 하면 조금은 궁금증이 풀릴까요? 뭐, 품사가 뭔지 따지는 건 그다지 중요하지 않습니다. 여기서 다루고자 하는 것은 문장분석이 아니니까요. 여기서는 Thank you 류의 감사인사에 대해 「괜찮습니다」라고 답하는 예의바른 표현, You're welcome 대신 쓸 수 있는 여러 표현들을 살펴보고자 합니다. 입맛대로 골라 사용해보세요. ^^*

Not at all	That's all right	No problem
(It's) My pleasure	The pleasure is mine	
Don't mention it	Never mind	

너 지금 ~하고 있구나

You're + ~ing

You're ~ing 형태의 현재진행형을 만들어 보고, 그밖에 You're 다음에 전치사구가 오거나 부사가 오는 표현들도 아울러 알아봅니다.

응용 1 You're ~ 다음에 다양한 ~ing형태를 넣어봅시다.

You're **doing great**
~ing

「넌 지금 잘 하고 있는 거야」하고 기운을 북돋워주면서 하는 말입니다. **You're** 뒤에 동사의 현재진행형(~ing)이 오는 경우죠.

You're **kidding**	농담이겠지.
You're **scaring me**	겁주지 마(네가 날 겁먹게 하고 있어).
You're **making me nervous**	너땜에 신경쓰여(네가 날 신경 날카롭게 만들고 있어).
You're **making a big mistake**	너 지금 크게 실수하고 있는 거야.
You're _____	넌 말을 너무 많이 해.

kid 놀리다, 농담하다 : **nervous** 신경이 날카로운, 긴장되는   정답: talking too much

A: Stop that noise. You're bothering me.
B: I'll try to be more quiet.

A: I heard this house has a ghost.
B: Stop it! You're scaring me.

A: 시끄러운 소리 좀 그만 내. 신경쓰여.
B: 좀더 조용히 해볼게.

A: 이 집에 귀신이 있다더라.
B: 그만 해! 겁나잖아.

You're ~ 다음에 다양한 전치사나 전치사구, 부사를 넣어봅시다.

You're **in trouble**
전치사구

「넌 곤경에 처해 있어」, 「너 이제 큰일났다」라는 의미죠. **You're** 뒤에 전치사(구), 부사 등이 오는 경우를 살펴봅시다.

You're **in love**	넌 사랑에 빠진 거라구.
You're **here**	왔구나(네가 여기 와 있구나).
You're **on**	좋을대로 해(알았어).
You're **on a roll**	넌 승승장구로구나.

be on a roll 잘 나가고 있다, 승승장구하다

A: You're in trouble. The boss wants to see you.
B: Really? What did I do?

A: Look at all the money that I won.
B: You're on a roll. I envy you.

A: Oh, you're here. Come on in.
B: Long time no see. How have you been?

A: 너 큰일났어. 사장님이 널 보자셔.
B: 정말이야? 내가 무슨 짓을 했길래?

A: 내가 딴 돈을 좀 봐.
B: 넌 승승장구로구나. 부럽다, 야.

A: 어머, 너 왔구나. 어서 들어와.
B: 오랜만이네요. 어떻게 지냈어요?

당신은 누구시길래

기본배대문형

Are you+명사 ~?

이제부터는 지금까지 배운 You're~ 문형을 의문문을 바꾸어보는 연습을 해보세요. 필요한 정보를 얻으려면 상대방에게 질문하는 일이 많을 수밖에 없죠. 먼저 You are+명사의 의문형인 Are you+명사 ~?의 경우부터 살펴보도록 해요.

Are you ~ **다음에 다양한 명사를 넣어봅시다.**

Are you **Korean?**
명사

「한국인이세요?」라는 말이죠. 가장 기본적인 **Are you+명사?** 문형으로, 주로 상대방의 국적이나 신분, 자격 등을 묻게 됩니다.

Are you **an employee here?**	여기 직원인가요?
Are you **an only child?**	형제가 없나요(외동아들(딸)이세요)?
Are you **the oldest?**	맏이예요?
Are you **Denis?**	당신이 데니스예요?
Are you **a good dancer?**	춤 잘 추세요?
Are you **an experienced snowboarder?**	스노우보더 많이 타보셨어요?

experienced 숙달된, 경험많은

A: Are you an only child?
B: No, I have one brother.

A: Are you Korean?
B: Yes, I'm from an area south of Seoul.

A: 형제가 없나요?
B: 아뇨, 남동생이 한 명 있어요.

A: 한국인이세요?
B: 네, 서울 남쪽에 있는 지역에서 왔어요.

Are you <u>a friend of Kate?</u>
명사 전치사구

「네가 케이트 친구니?」라는 물음이죠. 이처럼 명사에 '전치사+명사' 형태의 수식어구를 붙여 어떤 사람인지 좀더 자세히 물어볼 수 있습니다.

Are you **a member of the gym?**	이 헬스클럽 회원이세요?
Are you **an ex-girlfriend of Terry?**	당신이 테리의 옛애인이에요?
Are you _____?	네가 캐시의 사촌이니?

정답: a cousin of Cathy[Cathy's cousin]

A: Are you a member of the gym?
B: Yes, I come here several times a week.

A: Are you a friend of Jake?
B: Not really, I've met him a few times though.

A: 이 헬스클럽 회원이세요?
B: 네, 일주일에 몇번 여기 와요.

A: 제이크의 친구분인가요?
B: 그렇지는 않아요. 짐을 몇번 만나본 적은 있지만요.

쓰임새 풍부한 'Are you + 형용사?' 질문

기본패턴유형
Are you+형용사 ~?

Are you okay?, Are you ready?를 위시한 'Are you+형용사~?' 형태의 질문들을 살펴보기로 해요. 상대방의 상태나 상황을 물어볼 때 유용한 이 질문 유형은 다양한 형용사를 바꾸어가면서 활용할 수 있습니다. 특히 'Are you ready to+동사~?'나 'Are you sure+주어+동사~?'처럼 구나 절이 와서 구체적인 정보를 물어볼 수도 있어 그 활용도가 무척 높습니다.

응용 1

Are you ~ 다음에 다양한 형용사를 넣어봅시다.

Are you okay?
<small>형용사</small>

「괜찮아?」라는 말로 Are you all right?이라고 해도 돼요. 아래처럼 Are you 다음에 다양한 형용사를 써보면서 연습을 해보세요. 한가지 유의할 건 네이티브들이 워낙 말을 빨리하다보니 Are you ~?에서 'Are'는 거의 들리지 않을 때가 많고 어떤 경우에는 아예 발음하지 않고 You okay?, You ready?, You sure? 등으로 말할 수도 있으니 기억해두세요.

Are you **serious?**	정말이야?
Are you **available?**	손이 비나요?
Are you **happy with that?**	거기에 대해 만족해?
Are you **free this weekend?**	이번 주말에 시간 있어?
Are you _____ **right now?**	지금 바빠?

available 손이 비는, 사용 가능한　　　　　　　　　　　　　　　　　　정답 : busy

A: I was in a car accident this morning.
B: Oh no! Are you okay?

A: Are you free this weekend?
B: Yeah, I don't have any special plans.

A: 오늘 아침에 차 사고를 당했어.
B: 저런! 괜찮아?

A: 이번 주말에 한가해?
B: 응, 특별한 계획 없어.

Are you ready~ 다음에 to부정사를 넣어봅시다.

Are you ready **to go?**

형용사   to부정사

「갈 준비됐어?」라는 의미로 상대방이 뭔가 할 준비가 되어 있는지를 물어볼 때 사용합니다. 준비하는 내용은 ready 다음에 to부정사를 붙여서 말하면 됩니다.

Are you ready **to go shopping?**	쇼핑 갈 준비 다 됐어?
Are you ready **to take the test?**	시험 볼 준비 됐나요?
Are you ready **to talk about it?**	그 일에 대해 얘기할 준비 됐니?
Are you ready **to _____?**	주문할 준비 됐나요?(주문하시겠어요?)

take the test 시험보다   정답 : order

A: We have to leave. Are you ready to go?
B: I will be in five minutes.

A: 우리 가야 돼. 갈 준비 다 됐어?
B: 5분 후엔 준비될 거야.

A: Are you ready to order?
B: Yes. I'll have a shrimp salad.

A: 주문하시겠습니까?
B: 네. 저는 새우 샐러드로 주세요.

Are you sure ~ 다음에 전치사구나 절을 넣어봅시다.

Are you sure **about that?**

형용사   about+명사 (또는 (that) 주어+동사)

응용 1에서 보듯 단순히 Are you sure?라고만 해도 되지만 좀더 강조하고 싶을 때 Are you sure about that?이라고 해도 됩니다. 「그것에 대해 확실해?」, 「그거 확실한 거야?」라는 말이죠. 이처럼 Are you sure는 뒤에 전치사구나 주어+동사의 절을 붙여 자기가 궁금한 내용을 자세히 언급할 수 있는 유용한 문형입니다.

Are you sure **you're okay?**	정말 괜찮아?
Are you sure **you don't want to come?**	정말 안오려는 거야?
Are you sure **you did it?**	정말로 네가 그랬니?
Are you sure **_____?**	문 잠근 거 확실해?

정답 : you locked the door

A: I've decided to move to Europe this year.
B: Really? Are you sure about that?

A: 올해 유럽으로 이사가기로 했어.
B: 정말? 확실한 거야?

A: I decided not to go to the party.
B: Are you sure you don't want to come?

A: 그 파티에는 가지 않기로 했어.
B: 정말 안오려는 거야?

과거분사형을 써서 물어보기

Are you + 과거분사 ~?

이번에는 Are you 다음에 준형용사인 과거분사가 오는 경우입니다. Are you + 형용사~?
의 경우처럼 과거분사의 경우도 역시 단순한 Are you + 과거분사~? 문형 뿐만 아니라 뒤
에 전치사구 등이 붙어서 문장이 길어진다는 것을 알아두세요.

Are you ~ 다음에 다양한 과거분사 형태를 넣어봅시다.

Are you done?
과거분사 형태

「다 했어?」, 「다 끝났어?」라는 말이죠. 역시 Are가 생략되어 You done?이라고 쓰이기도 합니다.
특히 계속 빈번하게 모습을 보이는 be supposed to + 동사(…하기로 되어 있다), be interested
in + 명사(…에 관심있다) 등의 표현은 꼭 외워두도록 하세요.

Are you **almost finished?**	거의 끝났니?
Are you **supposed to do it?**	네가 이걸 하기로 되어있는가?
Are you **interested in American culture?**	미국문화에 관심 있나요?
Are you **qualified for this job?**	이 일에 필요한 자격조건을 갖추었나요?
Are you **married?**	결혼했나요?
Are you _____?	길을 잃었나요?

qualified 필요한 지식 · 기술 등의 자격조건을 갖춘   정답 : lost

A: Are you done?
B: I'm almost finished. Please wait five minutes.

A: What is the perfect birthday present
　 for my wife?
B: Are you married? I thought you were single.

A: 다 했어요?
B: 거의 끝났어요. 5분만 기다려 주세요.

A: 아내한테 줄 완벽한 생일선물이 뭐가
　 있을까요?
B: 결혼했어요? 독신인 줄 알았는데.

너 지금 ~하는 거니?

Are you +~ing?

진행형인 be +~ing 형태를 이용해서 Are you ~ing?로 질문하면 「너 지금 …하고 있는 거니?」혹은 「너 요즘 …하니?」라는 질문이 되죠. go, come 등 가고 오는 것과 관련된 동사들의 경우에는 앞서 You're ~ing에서 말했듯이 가까운 미래에 「…할 거니?」라는 뜻으로도 쓰인다는 것을 기억해두세요.

Are you ~ 다음에 다양한 ~ing형태를 넣어봅시다.

Are you still smoking?
<u>~ing</u>

「너 아직도 담배 피우니?」라는 말입니다. Are you 뒤에 동사의 ~ing를 붙여 상대방이 현재 하고 있는 일을 물어보거나 앞으로 상대방의 예정사항을 물어볼 때 사용하는 문형입니다.

Are you **kidding?**	지금 농담하니?
Are you **taking any medication?**	요즘 먹고 있는 약이 있나요?
Are you **being helped?**	누가 봐드리고 있나요?(상점에서)
Are you **coming with us?**	우리랑 같이 갈 거지?
Are you _____?	내일 떠나니?

take medication 약(약물)을 복용하다

정답: leaving tomorrow

A: Are you still smoking?
B: Yes, but I'm going to try to quit.
A: I've been feeling very sick lately.
B: Are you taking any medication?

A: 아직도 담배 피우니?
B: 응, 하지만 끊어보려고 해.
A: 요즘 계속 속이 메슥거려.
B: 약은 먹고 있는 거니?

03

내 주변의 것들에 대해 말할 때

This is ...

「이것」으로 유명한 This.
자기 주변에 있는, 즉 상대방보다
자신에게 더 가까운 물건을 가리키는 지시대명사이죠.
그런데 This는 꼭 사물만이 아니라 가까이에 있는 '사람,'
가까이에 있는 '장소,' 현재에서 가까운 '시점' 등을
두루 나타낸다나요?

This는 물건만 가리키는 게 아니야

기본대표문형
This is + 명사

this는 「이것」이라는 뜻이지만, 가까이의 「구체적 사물」만 가리키는 건 아니에요. 「사람」이나 「장소」를 가리키기도 하고, 기회 등의 「추상적 사물」, 「지금 겪고 있는 일」, 「사건」 등에 두루 쓰인답니다. 참, 우리나라에선 담배도 가리키든가요???

응용 1

This is~ 다음에 다양한 사람 이름을 넣어봅시다.

This is **Sun-woo speaking**
사람 or 사람 이름

기본적인 전화영어 표현으로 「저는 선우라고 하는데요」라는 말이죠. '이것(This)' 이 감히 신성한(?) 사람을 가리킨다는 게 거북할 수도 있겠지만 전화받을 때와 사람을 소개할 때에는 반드시 사람을 가리키면서 This is+사람명사의 문형을 씁니다. 우리도 사람 소개시 "이쪽은~"이라고 하는 걸 생각해보면 이해가 쉽죠.

This is **Min-hee**	(남에게 소개할 때) 얘는 민희라고 해. (전화에서) 나 민희야.
This is **my friend, Jennifer**	얘는 내 친구 제니퍼야.
This is **Allen Manders, head of personnel for ERY Corp.**	이쪽은 ERY 사의 인사부장 앨런 맨더스 씨입니다.
This is _____	이쪽은 제 상사인 드레이크 씨입니다.

head of personnel 인사부서의 책임자　　　　　　　　　　　정답: my boss, Mr. Drake

이렇게 얘기해봐요!

A: Hi, Harry. This is my friend, Eric.
B: Nice to meet you, Eric.

A: Hello. This is Steve Parel speaking.
B: Hello there. Can I ask you a few questions?

A: 안녕, 해리. 이쪽은 내 친구 에릭이야.
B: 에릭, 만나서 반가워.

A: 여보세요. 스티브 패럴입니다.
B: 안녕하세요. 몇가지 좀 여쭤봐도 될까요?

응용 2

This is~ 다음에 다양한 명사를 넣어봅시다.

This is **my favorite song**
명사

「이거 내가 좋아하는 노래야」라는 의미입니다. This is 다음에는 만질 수 있는 「구체적인 사물」 뿐 아니라 「추상적인 사물」, 「사건」 등을 나타내는 명사도 올 수 있어요.

This is **my[your] last chance**	이번이 내겐(너에게겐) 마지막 기회야.
This is **my treat**	이건 내가 낼게. (음식값 계산)
This is not **my style**	이건 내 취향이 아냐.
This is **a great place**	근사한 곳이네요.
This is _____	훌륭한 파티네요.

정답: a great party

이렇게 얘기 해봐요!

A: **This is Bob's favorite food**, but I don't like it.
B: Well, do you want to eat something else?

A: **This is a great place.**
B: I'm glad you liked it. My parents own it.

A: 이건 밥이 좋아하는 음식이지만 난 별로야.
B: 그럼, 뭐 다른 거 먹고 싶어?

A: 근사한 곳이네요.
B: 맘에 드신다니 기쁘네요. 저희 부모님 가게예요.

응용 3

This is~ 다음에 다양한 최상급 표현들을 넣어봅시다.

This is **the worst date ever**
최상급 표현

「이건 이제껏 했던 것 중에 최악의 데이트야」라는 의미입니다. date는 「데이트」나 「데이트 상대」 모두를 가리키고, 「데이트하다」란 동사로 쓰이기도 합니다. This is 다음에 '최상급 표현(the + -est) +ever' 또는 '최상급 표현+I've ever+과거분사' 형태가 오면 「지금껏 했던 것 중 가장 …한 것」, 즉 「이렇게 …한 건 처음이야」라는 뜻이 되지요.

This is **the best movie I've ever seen**	이렇게 재밌는 영화 처음 봐.
This is **the happiest day I've ever had**	이렇게 행복했던 날은 이제껏 없었어요.
This is _____	이제까지 이렇게 멋진 생일파티는 없었어.

정답: the best birthday party ever

이렇게 얘기 해봐요!

A: I have to go. **This is the worst date ever.**
B: Why are you so angry?

A: 나 갈래. 이건 정말 최악의 데이트야.
B: 왜 그렇게 화가 난 건데?

This의 상태가 어떻다고?

기본 패턴 문형
This is + 형용사

앞서 I'm + 형용사, You're + 형용사에서와 마찬가지로 This is 다음에도 형용사 그리고 형용사 역할을 하는 준형용사인 동사의 ~ing, -ed형, 즉 분사가 올 수 있습니다. This is amazing!(놀라운걸!), This is so unfair!(너무 불공평해!)와 같이 자신의 느낌이나 감정을 표현할 때 유용하게 쓰여요.

응용1

This is ~ 다음에 다양한 형용사를 넣어봅시다

This is **so cool**
형용사

「이거 정말 근사하구나」, 「정말 좋아」라는 말이죠. 모 광고에서도 사용되어 익숙한 **cool**은 원래 「시원한」이라는 뜻이지만 구어에서는 「근사한」, 「멋진」이라는 의미로 많이 쓰입니다. 이렇게 This is 뒤에 「형용사」를 넣어 상태를 표현할 수 있는데요, **so**나 **very**, **really** 등의 수식어를 넣어 감정을 강조할 수 있습니다.

This is **unbelievable**	이건 믿을 수 없는 일이야.
This is **ridiculous**	이러는 거 우스워(이건 말도 안돼).
This is **romantic**	낭만적이야.
This is **really important to me**	이건 나한테 굉장히 중요한 일이야.
This is **terrible**	너무한다.
This is _____	이건 정말 불공평해.

정답 : so unfair

A: This is so unfair. I'm at the office today and she has a holiday.
B: Stop complaining and get back to work.

A: It's snowing outside.
B: In the middle of April? This is unbelievable!

A: 너무 불공평해. 난 오늘 사무실에 나오고 걘 휴가라니.
B: 불평 그만하고 일해.

A: 밖에 눈와.
B: 4월 중순에? 말도 안돼!

응용2 This is~ 다음에 다양한 ~ing/-ed 형태를 넣어봅시다

This is **so exciting**
~ing 형태

「이거 정말 흥미진진한걸」이란 말이에요. 이처럼 동사에 ~ing를 붙인 형태라든가 -ed를 붙인 형태의 단어, 즉 현재분사나 과거분사가 형용사처럼 쓰인 경우를 살펴보기로 해요.

This is **very flattering**	과찬이세요.
This is **so messed up**	엉망이 됐잖아.
This is **boring**	이건 따분한 일이야.

messed up (계획했던 것이) 엉망이 된 **flattering** 듣기 좋은 말로 치켜세우는

A: Wow, he hit a home run. This is so exciting.
B: Yeah, now the score is tied.

A: You are the most beautiful woman I've seen.
B: Thank you. This is very flattering.

A: 이야, 저 선수가 홈런을 쳤군. 이거 정말 흥미진진한걸.
B: 그래, 이제 동점이네.

A: 당신은 내가 본 사람들 중 가장 아름다운 여성이에요.
B: 고맙습니다. 과찬이세요.

→ 영어회화 지식Box: 신나는(excited) 것과 신나게 만드는(exciting) 것은 다르죠!

위에서 등장한 exciting이나 flattering과 같은 단어들은 동사를 변형시켜 형용사처럼 쓰는 '분사'입니다. 동사를 변형시켜 분사를 만드는 방법은 두 가지가 있습니다.

❶ 현재분사의 형태(동사의 끝부분이 -ing로 변화시킨다 (ex. excite → exciting)
❷ 과거분사의 형태(동사 끝부분이 -ed, 혹은 불규칙 변화형)로 변화시킨다 (ex. excite → excited)

이때 ❶ 현재분사(-ing 형태)는 '능동'의 의미를, ❷ 과거분사(-ed 형태)이면 '수동'의 의미를 띠게 됩니다. 수동태를 만들 때 기본 형태가 'be+과거분사'인 것을 떠올리면 쉽게 기억할 수 있죠.
그럼 의미는 각각 어떻게 변하는지 볼까요?

excite (신나게 하다) | **excit**ing (신나게 만드는) **flatter** (치켜세우다) | **flatter**ing (치켜세우는, 칭찬하는)
excited (신이 난) **flatter**ed (칭찬받은)

따라서 이런 분사들은 주어(또는 수식하는 명사)가 무엇이냐에 따라 잘 가려 써야 합니다. 현재분사냐 과거분사냐에 따라 의미가 달라지니까요.

The game is exciting 게임이 흥미진진한걸
I'm very excited 나 정말 신나

chapter **03** • This, 내 주변의 것들에 대해 말할 때 049

바로 이거야!

기본패턴문형

This is what | why +절

한 단어로 된 명사만 명사가 아닙니다. what이나 why 다음에 '(주어)+동사'의 문장이 오는 '명사절' 역시 한 단어로 된 명사와 똑같이 명사 취급해요. 그래서 This is what ~, This is why ~ 라고 하면 「바로 이게 …한 거야」라든가 「바로 이게 …한 이유야」라는 의미의 표현이 되는 거죠.

응용1

This is ~ 다음에 다양한 명사절을 넣어봅시다.

This is <u>what I want to do</u>
명사절

「이게 바로 내가 하고 싶은 일이야」라는 의미입니다. 'This is what + 주어 + 동사'의 형태로 「이게 바로 주어가 …하는 거야」라고 하는 표현이죠. 과거형을 써서 This is what I 'wanted' to do 라고 하면 「원하던 일이야」, 「바라던 바야」라는 말이 됩니다.

This is **what we're going to do**	이게 바로 우리가 앞으로 할 일이야.
This is **what I was afraid of**	이게 바로 내가 걱정하던 거야.
This is **what you have to do**	이게 바로 네가 해야 할 일이야.
This is **what I'm trying to say**	이게 바로 내가 지금 얘기하려는 거야.
This is _____	이게 바로 네가 지금 찾고 있는 거잖아.

정답: what you're looking for

이렇게 얘기해봐요!

A: This is what I'm afraid of. **They might decide to refuse my offer.**
B: Don't worry about that too much.

A: I'm glad we're going to Hawaii.
B: **Me too.** This is what I wanted to do.

A: 내가 걱정하는 건 바로 이거야. 그 사람들은 내 제안을 거절할지도 모른다구.
B: 너무 걱정하지 마.

A: 하와이로 가게 되다니 기뻐.
B: 나도 그래. 내가 바라던 바거든.

This is not~ **다음에 다양한 명사절을 넣어봅시다.**

This is not **what I ordered**
명사절

「이건 내가 주문한 게 아닌데」라는 말이죠. 앞의 This is what~에 not을 붙이면 「이건 주어가 …하는 게 아니야」라는 의미가 됩니다.

This is not **what I want to do**	이건 내가 하고 싶은 일이 아냐.
This is not **what you have to do**	이건 네가 해야 할 일이 아니야.
This is not **what I was looking for**	이건 내가 찾고 있던 게 아니야.
This is not _____	이건 내가 생각했던 게 아냐.

정답: what I was thinking of

A: Waiter! This is not what I ordered.
B: I'm sorry, sir. I'll bring you the right food.

A: This is not what I was thinking of.
B: What were you expecting?

A: 종업원! 이건 내가 시킨 게 아닌데요.
B: 죄송합니다, 손님. 주문하신 음식을 가져오겠습니다.

A: 이건 내가 생각했던 게 아닌데.
B: 어떠리라고 생각했었는데?

This is~ **다음에 다양한 why로 시작하는 명사절을 넣어봅시다.**

This is **why you need to exercise**
명사절

「이것이 바로 네가 운동을 해야 하는 이유야」, 「이래서 네가 운동을 해야 하는 거야」라는 의미입니다. 'This is why +주어+동사'의 형태로 「이게 바로 주어가 …하는 이유야」, 「그래서 주어가 …하는 거야」라는 의미의 표현을 만들어봐요.

This is **why she doesn't date tall guys**	
	이래서 걔가 키큰 남자들하고 데이트하지 않는 거라구.
This is _____ **you about that**	이래서 내가 너한테 그 얘길 했던 거야.

date+사람 …와 데이트하다

정답: why I told

A: I have no energy and feel sick.
B: This is why you need to exercise.

A: That guy is too tall, and his girlfriend is too short... They look odd.
B: This is why I don't go out with tall guys.

A: 나 힘이 하나도 없고 메슥거려.
B: 이래서 네가 운동을 해야 하는 거야.

A: 저 남자는 너무 크고 여자는 너무 작네… 이상해보여.
B: 이래서 내가 키큰 남자들하고 데이트 안하는 거야.

앞일을 예상해보자구

기본패턴형

This is going to+동사

앞서 I'm going을 언급할 때 I'm going to+동사원형의 경우는 가까운 미래를 나타낸다고 했습니다(p.27).여기서는 'I' 대신 일이나 사건 등을 가리키는 This가 온 경우로 This is going to+동사 하면 「이 일은 …한 일이 될거야」라고 앞으로의 상황을 예측하는 표현이 됩니다.

응용1 This is going to~ **다음에 다양한** be+명사/형용사**를 넣어봅시다.**

This is going to **be so cool**
               be동사   형용사

This is going to 다음에 동사로 be 동사가 와서 This is going to be+명사(형용사)의 문형이 된 경우입니다. 「이건 아주 근사하게 될 거야」, 「아주 근사한 거야」라는 의미입니다.

This is going to **be so much fun**	굉장히 재밌을 거야.
This is going to **be romantic**	낭만적일 거야.
This is going to **be harder than you thought**	네가 생각했던 것보다 더 힘들 거야.
This is going to **be a big break for me**	너한테 커다란 전환점이 될 거야.
This is going to _____	완벽한 일이 될 거야.

break 전환점, 분기점   정답: be perfect

이렇게 얘기해봐요!

A: Let's work on the project together.
B: OK. This is going to be so much fun.

A: This is going to be harder than we thought.
B: Come on. We can do it.

A: 그 프로젝트 같이 하자.
B: 좋아. 굉장히 재미있을 거야.

A: 이거 우리가 생각했던 것보다 더 힘들어지는 걸.
B: 왜 이래. 우린 할 수 있어.

응용 2

This is going to~ 다음에 다양한 일반동사를 넣어봅시다.

This is going to <u>sound crazy</u>
일반동사

이번에는 This is going to＋일반동사의 형태입니다. 동사의 종류만 달라졌을 뿐, 앞의 문형과 마찬가지로 앞으로의 상황이 어떨거라고 언급할 때 사용하면 됩니다. Sound＋형용사는 「…하게 들리다」, 「…라고 생각되다」라는 의미로 This is going to sound crazy는 「이건 말도 안되는 소리로 들릴 거야」라는 뜻이죠.

This is going to **sound selfish**	이기적으로 들릴 거야.
This is going to **look ridiculous**	우스꽝스럽게 보일 거야.
This is going to ＿＿＿＿＿＿＿＿	정말 바보같은 소리로 들릴 거야.

selfish 이기적인   정답: sound really stupid

A: This is going to sound crazy.
   Will you marry me?
B: No way! That's a ridiculous idea!

A: Do you need to talk to me about something?
B: This is going to sound selfish, but
   I want a raise.

A: 말도 안되는 소리 같겠지만, 나랑 결혼해
   줄래?
B: 말도 안돼! 정말 엉뚱한 생각이네!

A: 나한테 얘기하고 싶은 게 있는 건가?
B: 이기적인 소리로 들리겠지만, 월급 좀 올려
   주시면 좋겠어요.

바로 앞의 사물, 현재의 사실에 대해 물어볼 때

기본패턴형

Is this + 형용사 | 명사 ~?

의문문의 형태인 Is this~?를 이용하여, 바로 앞에 놓인 사물에 대해서(Is this seat taken?), 혹은 시간적으로 가까운 사실·사건에 대해서(Is this really necessary?) 물어보는 법을 익혀봅시다.

응용 1

Is this~ 다음에 다양한 형용사를 넣어봅시다.

Is this free?
형용사

free는 가격으로부터 자유롭다는 뜻도 돼서 위 문장은 「이거 공짜예요?」라는 말입니다. Is this 뒤에 다양한 「형용사」를 붙여서 this(이 물건 혹은 이 일)의 상태에 대해 물어봐요.

Is this **safe?**	이거 안전한가요?
Is this **really necessary?**	꼭 이래야 하니?
Is this **true?**	진짜야?
Is this _____?	이러면 예의바른 걸까?

정답: polite

이렇게 얘기 해봐요!

A: Please wear your seatbelt in my car.
B: Is this really necessary?

A: The buffet smells good. Is this food free?
B: No, you have to pay for it.

A: 내 차에서는 안전벨트를 매 줘.
B: 꼭 이래야 하니?

A: 부페 음식 냄새 좋네요. 이 음식 공짜예요?
B: 아뇨, 돈을 내셔야 해요.

Is this **yours?**
명사

「이거 네 거(yours)니?」라는 말이죠. 이번에는 Is this 뒤에 명사를 붙여봐요. 좀 어려울지 모르겠지만, 수식어로 전치사구가 명사 뒤에 붙거나 what 등을 이용한 명사절이 오는 것 역시 가능합니다.

Is this **your car?**	이거 당신 차예요?
Is this **Ms. Sullivan?**	설리반 씨세요? (전화상에서)
Is this **a convenient time to talk?**	얘기하기 편한 시간인지요?
Is this **what you were looking for?**	이게 네가 찾고 있던 거니?
Is this _____?	이게 내 잘못인가요?

정답 : my fault

A: Is this a convenient time to talk?　　　A: 얘기하기 편한 시간인가요?
B: Sure. What's the matter?　　　　　　　B: 그럼요. 무슨 일인데요?

A: Is this your car?　　　　　　　　　　　A: 이거 선생님 차인가요?
B: Yes. Would you like me to move it?　　B: 네. 차를 뺄까요?

Is this **for New York?**
전치사+명사

버스나 기차 등의 목적지를 물어보는 표현입니다. 「이거 뉴욕으로 가나요?」라는 말이죠. Is this 다음에 명사나 형용사 없이 바로 '전치사+명사,' 즉 '전치사구'가 온 경우입니다.

Is this **for me?**	이거 나 주는 거야?(날 위한 거야?)
Is this **about Mark?**	마크에 관한 얘기니?
Is this _____?	이거 세일 중이에요?

정답 : on sale

A: Here is a present we bought.　　　A: 이거 우리가 산 선물이야.
B: Is this for me? Thanks so much!　　B: 이거 내 거야? 정말 고마워!

A: I want to talk to you privately.　　A: 개인적으로 얘기 좀 나누고 싶은데요.
B: Is this about Vanessa?　　　　　　B: 바네사에 관한 건가요?

Is this(+명사)~ 다음에 다양한 과거분사를 넣어봅시다.

Is this seat **taken?**
과거분사

수동태(be+과거분사)를 이용한 질문입니다. 「이 자리 누가 맡아놨나요?」, 「이 자리 임자 있나요?」
라고 물어보는 표현이죠. 이렇게 'Is this+과거분사?' 형태로도 this의 상태를 확인할 수 있습니다.
단 위 문장은 this가 지시대명사가 아니라 지시형용사로 명사와 어울려 this seat 두단어가 주어가
된 경우입니다.

Is this drink **included?**	이 음료도 포함되는 건가요? (음식값 등을 물어볼 때)
Is this **supposed to be funny?**	이거 원래 우스워야 하는 거지?

be included 포함되다 │ be supposed to+동사 …인 것이 당연하다

A: Hi. Is this seat taken?
B: Yes, I'm sorry. I'm waiting for my friend.

A: Here is the bill for your dinner.
B: Is this drink included? I just ordered it.

A: 안녕하세요. 이 자리 임자 있습니까?
B: 네, 죄송해요. 친구를 기다리는 중이에요.

A: 저녁식사 계산서 여기 있습니다.
B: 이 음료도 포함됐나요? 방금 주문했는데.

056

어떤 일을 '당하는' 것 : 수동태

주로 동작의 주체를 중심으로 얘기하는 우리말과는 달리, 영어에서는 '당하는' 입장에 놓인 객체를 주어로 사용한 문장을 즐겨 사용합니다. 영어에서 글을 쓸 때나 말을 할 때 수동태의 문장이 많이 쓰이는 건 바로 그런 까닭이죠. 수동태를 자유자재로 구사하려면 우선 수동태의 기본구조부터 잘 이해하셔야 합니다

🖊 수동태 만들기

❶ 동작을 '당하는' 쪽(능동태 문장의 목적어)을 주어로
❷ 동사는 be+과거분사 형태로
❸ 동작의 주체는 by+명사의 형태로

'수동태'는 어떤 동작을 행한 주체보다는 「당하는 대상」쪽에 초점을 맞춘 표현이랍니다. 동작을 당한 대상을 주어로 하여 'be +동사의 과거분사형'으로 표현하죠. 동작의 주체는 by~ 이하에 나타내면 됩니다.

| The boss | fired | Kramer | 사장님이 Kramer를 해고했어 |
| 동작의 주체 | | 당하는 쪽 | |

| Kramer | was fired | (by The boss) | Kramer가 (사장님에게) 해고됐어 |
| | be+과거분사 | | |

🖊 수동태를 쓰는 이유

❶ 동작의 객체에 초점을 맞추어 말하고 싶어서
❷ 동작의 주체를 말할 필요가 없거나 애매모호해서

| This seat | is taken | (by my friend) | 이 자리는 임자 있어요. |

야구장에서 친구가 잠깐 화장실 간 사이, 누가 와서 내 옆자리에 앉으려 한다면 위와 같이 말할 수 있죠. 이때 쟁점이 되는 것은 '자리'이지 '누가' 맡아놓았는지가 중요한 것은 아니잖아요. 바로 이럴 때 수동태 문장을 이용해서 말하는 거지요.

| He was elected President (by people) | 그 사람은 대통령으로 당선되었지. |
| He was killed in the war | 그 사람은 전쟁에서 죽었어. |

또한 위 첫문장의 경우와 같이 누가 동작의 주체인지, 즉 누가 그 사람을 당선시켰는지 굳이 말 안해도 뻔히 아는 경우, 혹은 두번째 문장에서와 같이 동작의 주체를 말하기가 애매모호한 경우에도 수동태를 쓰게 됩니다.

이번이 처음이야?

Is this your first+명사~?

아무리 경험많은 사람이라도 다들 '시작'은 있기 마련이잖아요. 상대방에게 '이번이 처음이냐?'라고 관심을 보이며 질문할 때는 Is this your first+명사~?의 문형을 이용하면 됩니다. 명사자리에는 visit, date 등 궁금한 내용의 명사를 바로 쓰는 경우이죠. 하지만 명사 자리에 time을 써서 Is this your first time to+동사~?로 궁금한 내용을 to 이하에 말하기도 합니다.

 응용 1 | Is this your first time~ 다음에 다양한 to부정사를 넣어봅시다.

Is this your first time to do this?
<u>명사</u>　　　　　<u>to부정사(혹은 절)</u>

「이 일을 하는 게(to do this) 이번이 처음이니?」, 「이거 처음 해보니?」라는 말입니다. Is this your first time 다음에 to+동사원형의 형태를 붙여 처음이냐고 물어보는 표현이에요.

Is this your first time **to try Korean food?**	한국음식 처음 드셔보세요?
Is this your first time **to meet Julie?**	줄리를 만나는 거 이번이 처음인가요?
Is this your first time **to climb Mt. Hanra?**	한라산에 오르는 게 이번이 처음이죠?
Is this your first time ＿＿＿＿＿＿＿＿?	골프 처음 쳐보는 건가요?

정답: to play golf

 이렇게 얘기 해봐요!

A: What is this?
B: A taco. Is this your first time to try Mexican food?

A: Is this your first time to meet Julie?
B: No, but I don't know her very well.

A: 이건 뭐야?
B: 타꼬라고 해. 멕시코 음식 먹어보는 건 이번이 처음이니?

A: 줄리를 만나는 거 이번이 처음이야?
B: 처음은 아니지만 그리 친하지는 않아.

Is this~ 다음에 다양한 your first+명사를 넣어봅시다

Is this your first **visit to America?**

명사   전치사+명사

「미국 방문(visit to America)은 이번이 처음이니?」라는 말이죠. **Is this your first** 다음에 time 이외의 여러 명사를 붙여서 처음 하는 일인지 물어볼 수 있어요. 위 문장에서는 visit 다음에 전치사+명사(to America)가 왔지만, 앞서 time의 경우처럼 to부정사가 올 수도 있어요. (아래 네번째 예문 참고)

Is this your first **attempt at bungee jumping?**	번지점프 처음 시도해보나요?
Is this your first **speech in public?**	사람들 앞에서 처음 연설하는 거죠?
Is this your first **date with Lisa?**	리사하고 처음 데이트하는 거지?
Is this your first **step to make up for it?**	이게 네 잘못에 대한 보상 첫단계니?
Is this your _____?	한국여행은 처음이신가요?

attempt 시도   **make up for** 잘못한 일 등에 대해 보상하다, 벌충하다   정답: first trip to Korea

---

이렇게 얘기 해봐요!

A: Is this your first visit to America?
B: Yes. It's also my first trip abroad.

A: Is this your first attempt at bungee jumping?
B: Actually, it's my third time. But whenever I try to jump, I get scared.

A: 이번이 미국에 처음 오신 건가요?
B: 네. 처음 해외 여행 온 것이기도 하죠.

A: 번지점프 처음이신가요?
B: 실은 이번이 세번째인데, 뛸 때마다 무섭네요.

04

상대방의 말에 반응을 보일 때

That is ...

That은 나에게서 조금 떨어진 곳에 있는 사물,
즉 「저것」을 가리키는 지시대명사잖아요. 그런데 이 That이
상대방이 한 말 또는 행동 전체를 받아서 쓰이기도 합니다.
그래서 상대방의 말에 반응을 보이는 표현은
That is...로 시작하는 경우가 많아요.

그건 말이지~

기 본 빼 대 문 형

That is + 형용사 | 전치사구 | 명사

상대방의 말에 대해서 맞다든가 그건 아니라든가 안됐다든가 등등의 의견이나 느낌을 얘기할 때는 That is ~의 형태로 말하는 것이 일반적이에요.

응용 **1** That is ~ 다음에 다양한 형용사나 전치사구를 넣어봅시다.

That's <u>right</u>
형용사

상대방의 말을 받아 「맞아」라고 할 때 쓰는 표현입니다. That is 다음에 다양한 '형용사'나 '전치사구' 를 써서 느낌을 말해봐요.

That's **all right**	괜찮아.
That's **great**	근사한걸.
That's **so sweet**	고맙기도 해라.
That's **too bad**	정말 안됐다.
That's **out of the question**	그건 불가능해(절대 안돼).
That's _____	사실이 아니야.

out of the question 불가능한(=impossible)

정답: not true

이렇게 얘기 해봐요!

A: I heard that you wrote a book.
B: That's right. It was a mystery novel.

A: Why don't we get married?
B: Never. That's out of the question.

A: 책을 한 권 쓰셨다고 들었는데요.
B: 맞아요. 미스터리 소설이었죠.

A: 우리 결혼하면 어떨까?
B: 싫어. 그건 절대 안돼.

That is~ **다음에 다양한** 명사**를 넣어봅시다.**

That's **a good idea**
명사

상대방의 말을 받아 「그거 좋은 생각이네」하고 맞장구치는 표현이에요. That is 다음에 '명사'가 들어간 문형입니다. 특히 실생활 회화에서 무척 많이 쓰이는 That's it!도 바로 여기에 해당되는 표현이지요. 억양에 따라 「바로 그거야」, 「이게 다야」 등 다양한 의미를 나타냅니다.

That's not **the point**	요점은 그게 아니잖아.
That's **a rip-off**	그건 바가지야.
That's **it**	그게 다야(바로 그거야).
That's **my favorite**	그건 내가 좋아하는 건데.
That's _____	그게 문제야.

rip-off 물건의 값어치에 비해 지나치게 비싼 것, 바가지   정답: the problem

이렇게 얘기 해봐요!

A: The new computer will cost
   five thousand dollars.
B: That's a rip-off.

A: 새 컴퓨터가 5천 달러야.
B: 그거 바가지다.

A: Let's stop working and finish this tomorrow.
B: That's a good idea. I'm tired.

A: 그만 일하고 내일 마무리하자.
B: 좋은 생각이야. 나 피곤해.

명사절을 만들어봐봐~

That is + 명사절

This is what ~의 경우와 마찬가지로 That is 다음에도 what이나 why 등으로 시작하는 명사절을 만들어 붙일 수 있어요. 이유로 인한 「결과」를 언급하는 That's why ~와 「이유」를 설명하는 표현인 That's because ~의 용법은 구별해서 알아둬야겠죠?

응용 **1**

That is~ 다음에 what으로 시작하는 다양한 명사절을 넣어봅시다.

That's what I was looking for
　　　　　　　　　명사절

「그게 바로 내가 찾고 있던 거야」라는 말입니다. 상대방이 언급한 내용을 That으로 받아 뒤에 'what+주어+동사~'의 명사절로 만들어 보세요.

That's **exactly** what I'm trying to say	내가 말하려는 게 바로 그거라구.
That's **not** what I meant	내 말은 그게 아니야.
That's **not** what I want to hear	내가 듣고 싶은 말은 그게 아냐.
That's _____	내가 하려고 하는 일이 바로 그거야.

mean 의미하다, 뜻하다

정답: what I'm going to do

A: Do you think he's cruel?
B: That's not what I meant. I think he's selfish.

A: You want to rent a small apartment?
B: Yes. That's what I'm looking for.

A: 넌 걔가 인정사정 없다고 생각하니?
B: 내 말은 그게 아니야. 걔가 이기적인 것 같다구.

A: 작은 집에 세들고 싶다는 거죠?
B: 네. 그게 바로 제가 찾고 있는 겁니다.

That is~ 다음에 why로 시작하는 다양한 명사절을 넣어봅시다.

That's why **I want to go there**
명사절

「그게 바로 내가 거기 가고 싶어하는 이유야」, 「그래서 내가 거기 가고 싶어하는 거야」라는 의미입니다. 주어인 That이 바로 「이유」가 되므로 why 다음에는 그 이유에 따른 「결과」가 나옵니다.

That's why **we're here**	그게 바로 우리가 여기 온 이유야.
That's why **he's so tired all the time**	그래서 걔가 늘 그토록 피곤한 거야.
That's why **everybody loves Raymond**	그래서 다들 레이먼드를 좋아하는 거야.
That's _____	바로 그래서 내가 그만두기로 한 거야.

be here 와 있다   quit 그만두다, 끊다   정답: why I decided to quit

A: I can't clean up this place alone.
B: That's why we're here. **We'll help you.**

A: There are a lot of cute girls in the gym.
B: That's why I want to go there every day.

A: 나 혼자서는 여기 못 치워.
B: 그래서 우리가 왔잖아. 우리가 도와줄게.

A: 그 헬스클럽엔 예쁜 여자애들이 많아.
B: 그래서 내가 매일 거기 가고 싶어 하는 거잖아.

That is because~ 로 이유를 말하는 표현을 만들어 봅시다.

That's because **I don't have enough money**
명사절

「그건 내가 돈이 충분치 않기 때문이야」라는 말이에요. 응용 2의 That's why~와 반대로 That이 「결과가 되는 행동」이고 because 다음에는 '이유'가 나옵니다.

That's because **I don't want her to come**	난 걔가 오기를 바라지 않기 때문이야.
That's because **he did a great job**	그 사람이 일을 잘 했으니까 그렇지.
That's _____	그 여잔 지금 바쁘니까 그렇지.

do a good[great] job 잘하다   정답: because she is busy right now

A: You didn't invite Andrea to lunch.
B: That's because I don't want her to come.

A: You never fixed the broken window in your car.
B: That's because I don't have enough money.

A: 앤드리아를 점심에 초대하지 않았네.
B: 그야 난 걔가 안왔으면 하니까.

A: 차에 깨진 유리창을 안바꿨네.
B: 그야 그럴 돈이 없으니까.

앞으로의 일도 말할 수 있다니까

기본패턴문형
That will | would + 동사원형

앞으로의 일을 말할 때는 That 다음에 미래 조동사 will이나 가정법 동사 would를 사용하면 됩니다. 특히 That would be~는 「그렇게 된다면」이라는 조건절이 생략된 가정법문장으로 아직 일어나지 않은 미래의 일이나 상상을 말할 때 사용하면 됩니다.

 응용 **1**

That will[would]~ 다음에 다양한 be + 형용사를 넣어봅시다.

That would **be nice**
동사원형   형용사

「그거 근사하겠다」, 「그거 좋겠다」라는 말이에요. That will 또는 That would 다음에 'be동사+형용사'가 오는 경우죠.

That will **be fine**	괜찮을 거야.
That would **be perfect for us**	우리한테는 딱일 거야.
That would **be terrible**	형편없을 거야.
That would **be better**	그게 더 나을 거야.
_____	굉장히 흥미진진할 거야.

정답: That would be so exciting

 이렇게 얘기 해봐요!

A: We can deliver your new car on Saturday.
B: That would be perfect for us.

A: Let's go to Venice during summer vacation.
B: That would be romantic.

A: 고객님의 새 차는 토요일에 배달해드리겠습니다.
B: 딱 좋네요.

A: 여름휴가 동안 베니스에 가자.
B: 낭만적이겠다.

응용 2

That will[would]~ 다음에 다양한 be + 명사를 넣어봅시다.

That will **be a big help**
　　　　동사원형　　　　명사

「큰 도움이 될 거다」라는 말이죠. 이번에는 That will 혹은 That would 다음에 'be + 명사'가 오는 경우입니다.

> That would **be a good idea**　　　　그게 좋겠다.
> That would **be** _____ **of it**　　그 일에선 그게 중요한 부분일 거야.

정답: an important part

A: I'll take care of your cat when you're on vacation.
B: That would be a big help.

A: 네가 휴가를 가면 네 고양이를 맡아줄게.
B: 그래주면 크게 도움이 될 거야.

응용 3

일반명사 주어도 사용해 봅시다.

Saturday would **be fine**
　　일반명사 주어　　　　동사원형

약속을 정할 때 할 수 있는 말로, 「토요일이 괜찮을 거예요」, 「토요일이 좋겠어」라는 말이에요. 앞의 경우와 달리 주어로 That 대신에 다른 일반명사가 온 경우입니다. 특히 약속을 잡거나 메뉴 등을 정할 때 요긴하게 쓰이는 표현들이죠.

> **A hot dog** will **be fine for me**　　난 핫도그 좋아(핫도그 먹을래).
> **5th Avenue** would **be great**　　　5번가가 좋겠어.
> **Water** would **be great for me**　　　저는 물이면 됐어요. (음료 권할 때)
> _____　　2시 30분이 좋겠어.

정답: 2:30(two-thirty) would be fine

A: Can I visit your office and discuss these details on Monday?
B: Okay. Monday would be fine.

A: 월요일에 그쪽 사무실로 들러서 자세한 사항들을 의논해도 될까요?
B: 좋아요. 월요일 괜찮아요.

be동사 말고 다른 동사는 안되나?

기본패턴문형

That＋일반동사

왜 안되겠어요? this나 that 등의 사물을 가리키는 대명사 주어 뒤에는 흔히 be동사가 오지만, 일반동사가 오는 경우도 꽤 볼 수 있습니다. 편의상 이해를 돕기 위해 be동사, 일반동사라 구분해 놓았지만, 학습시에는 그냥 개별적으로 암기하면 됩니다.

응용 **1** That~ 다음에 다양한 일반동사를 넣어봅시다.

That **makes sense**
일반동사

make sense는 「이치에 닿다」라는 뜻으로 That makes sense하면 「그거 말되네」라는 말이 됩니다. That 다음에 be동사가 아닌 일반동사가 온 대표적인 경우이죠. 특히 That이 단수이기 때문에 다음에 나오는 동사는 3인칭 단수형태(-s, -es)로 바꿔주어야 합니다.

That depends	사정에 따라 달라져.
That reminds me	그걸 보니(그 말을 들으니) 생각나는 게 있네.
That explains it	그말을 들으니 이해가 되네.

depend 달려있다, 좌우되다 **remind A (of B)** A에게 (B를) 생각나게 하다.

A: Can you attend the conference?
B: That depends. I may be busy.

A: The power went out because of the storm.
B: That explains it. I wondered why the computer wouldn't work.

A: 총회에 참석할 수 있어요?
B: 상황이 어떠냐에 달려있지요. 바쁠지도 모르거든요.

A: 폭풍우 때문에 정전이 됐어요.
B: 그래서 그런 거였구나. 왜 컴퓨터가 작동 안 되나 했죠.

말할 땐 '언제적' 얘긴지 확실히 : 시제

언제 있었던 일인지를 구별해서 말해주는 것을 '시제'(tense)라고 합니다. 동사의 형태를 바꾸거나 조동사를 이용해서 옛날에 그랬다는 건지 지금 그렇다는 건지, 혹은 앞으로 그럴 거라는 건지를 나타내주지요.

🖊 현재 시제

❶ 현재(현재의 사실이나 상태) : 동사원형 or -es형

He **is** healthy 걘 건강해
He **works** out every day 걘 매일 운동해

❷ 현재진행(지금 이순간 진행되는 동작) : be + ~ing

He **is playing** the piano 걘 지금 피아노 치고 있어

🖊 과거 시제

❶ 과거(과거에 이미 끝난 동작) : 동사의 -ed형 or 불규칙 변화형

He **was** healthy 걔 옛날에 건강했었지
He **worked** out every day 매일 운동했었어

❷ 과거진행(과거의 어느 순간 진행되던 동작) : were[was] + ~ing

When I came into the room, he **was playing** the piano
내가 방에 들어갔더니 걔가 피아노를 치고 있지 뭐야

🖊 완료 시제

❶ 현재 완료(과거에 시작해서 현재에 영향을 미치는 동작) : have[has] + 과거분사

He **has been** healthy 걘 예나 지금이나 건강해
He **has worked** out every day 예전부터 매일 운동을 하지

❷ 과거 완료(과거의 어느 때에 시작해서 역시 과거의 어느 때에 영향을 미치는 동작) : had + 과거분사

When I came home, she **had eaten** dinner
내가 집에 갔더니 걘 이미 저녁을 먹었더라구(과거의 어느 때에 이미 행해진 동작)

🖊 미래 시제

❶ 미래(미래에 일어날 동작) : will + 동사원형

He **will call** me soon 걔가 곧 전화할 거야

❷ 미래 완료(미래의 어느 시점에 동작이나 상태가 끝나거나 계속되는 것) : will + have + 과거분사

He **will have been** in Canada for two years at the beginning of next month
걘 다음 달 초면 캐나다에서 산 지 2년이 돼

~인 것 같아

That sounds+형용사 l 명사(절)

상대의 제안이나 생각에 대해서「음, 그거 재밌겠다」,「괜찮을 것 같아」등등, 반응을 보이는 것은 듣는 사람의 예의죠. 이때 요긴하게 쓸 수 있는 표현이 That sounds ~죠. 역시 That 다음에 일반동사가 온 경우입니다.「…인 것처럼 들린다」기보다는「…같은데」정도의 느낌으로 더 자주 쓰입니다. 또한 Sounds great!과 같이 주어를 생략하고 쓰기도 하죠.

응용 1

That sounds~ **다음에 다양한** 형용사**를 넣어봅시다.**

That sounds **great**
형용사

「괜찮겠는걸」,「괜찮은 소리로 들리네」라는 말이죠. That sounds 혹은 Sounds 뒤에「형용사」를 써서 내 느낌 · 내 생각을 말할 수 있습니다.

That sounds **good to me**	내 생각엔 괜찮은 것 같아.
That sounds **interesting**	그거 흥미로운데.
That sounds **lovely**	근사하겠다.
That sounds **weird**	이상한 것 같은데.
That sounds _____	좀 지루한 것 같아.

weird 기묘한, 이상한

정답: a little boring

A: Let's celebrate our anniversary at a nice restaurant.
B: That sounds lovely. Where shall we go?

A: Do you want to go to a seminar at my university?
B: That sounds a little boring.

A: 우리 결혼기념일은 근사한 레스토랑에서 지내자.
B: 그거 멋지겠다. 어딜 가지?

A: 우리 학교에서 열리는 세미나에 갈래?
B: 좀 지루하겠는걸.

응용 2

That sounds~ 다음에 다양한 like＋명사를 넣어봅시다.

That sounds like **a good idea**
명사

「좋은 생각 같은데」라는 말이죠. That sounds 다음에 like를 추가하여 'That sounds like ＋명사' 형태로 씁니다. 의미는 That sounds~와 같지만 형태가 약간 틀린 것뿐이에요. '주어＋동사'로 된 명사절도 명사의 범주에 포함된다는 것, 잊지는 않았겠죠?

That sounds like **a bad idea to me**	내 생각엔 좋은 생각이 아닌 것 같아.
That sounds like **a problem**	문제가 있어 보이는데.
That sounds like **a lot of fun**	굉장히 재미있겠다.
That sounds like **you need a new mouse**	새 마우스가 필요하다는 얘기 같은데.
That sounds like _____	좋은 충고 같구나.

정답: good advice

A: I'm going to let him borrow five hundred dollars.
B: That sounds like a bad idea to me.

A: 걔한테 500달러 빌려주려고 해.
B: 내가 보기엔 별로 좋은 생각 같지 않은데.

A: William invited us to his party tonight.
B: That sounds like a lot of fun.

A: 윌리엄이 오늘 밤 자기가 여는 파티에 우릴 초대했어.
B: 진짜 재미있겠는걸.

05

주어가 명확하지 않을 땐 만만한 가주어 It

It is ...

It은 「그것」으로 통용되는 지시대명사죠.
일반적인 사물 뿐 아니라 성별을 따지지 않는 아기나
동물을 가리킬 때도 사용하고, 주어가 너무 길거나
애매모호한 경우 "가주어"로도 사용합니다.

It은 '그것'뿐이 아니라구

기본패턴문형

It's＋형용사 | 과거분사 | 명사 | 전치사구

It은 멀리 떨어진 사물, 한번 언급된 사물, 그 자리에서 보이지 않는 사물 등을 가리킬 때 쓰이는 대명사입니다. That과 마찬가지로 상대방의 말이나 행동을 뭉뚱그려 주어로 사용할 때나 시간을 나타낼 때, 주어가 애매한 상황 등에서 주어로 많이 사용되죠.

응용 1 It is~ 다음에 다양한 형용사나 과거분사를 넣어봅시다.

It's okay
형용사 (또는 과거분사)

「괜찮아」라는 말로, It's all right이라고 해도 같은 의미예요. It's 다음에 「형용사」 또는 「과거분사」가 오는 경우입니다. 사물의 외양·성질을 나타낼 때, 그리고 어떤 행동이나 사건, 상대의 말을 언급할 때 쓰이죠.

It's **not true**	사실이 아냐.
It's **so hard for me**	나한테는 꽤 힘들어.
It's **broken**	부서졌어(망가졌어).
It's **a little complicated**	좀 복잡해.
It's **close to where I live**	내가 사는 곳에서 가까워.
It's ＿＿＿＿＿＿＿＿	고마워(넌 정말 친절하구나).

hard 힘든, 어려운 | broken 망가진, 부서진 | complicated 복잡한 　　　정답: very kind of you

A: Can I give you a lift home in my car?
B: Thanks. It's very kind of you.

A: Do you have an MP3 player?
B: Yes, but you can't use it. It's broken.

A: 내 차로 집까지 태워다줄까?
B: 고마워. 정말 친절하구나.

A: 너 MP3플레이어 있니?
B: 응, 그런데 사용 못해. 망가졌어.

It is~ 다음에 다양한 명사를 넣어봅시다.

It's **your turn**
명사

turn에는 「차례」라는 뜻이 있어서, 위 문장은 「네 차례야」라는 말이 됩니다. It's 다음에 「명사」가 오
는 경우를 알아봅니다.

It's **nothing**	아무 것도 아냐.
It's **the same with me**	나하고 같네.
It's **3:00 in the morning!**	지금 새벽 세시라구!
_____	네 잘못이 아냐.

정답: It's not your fault

A: My boss gives me too much work.
B: It's the same with me. I'm always stressed.

A: I just called to talk to you.
B: It's 3:00 in the morning. Go to sleep.

A: 우리 사장님은 일을 너무 많이 시키셔.
B: 나하고 같네. 항상 스트레스를 받지.

A: 너하고 얘기하려고 전화했어.
B: 새벽 세시야. 좀 자라.

It is~ 다음에 다양한 전치사구를 넣어봅시다.

It's **next to the coffee shop**
전치사구

「그건 커피숍 옆에 있어요」라는 의미입니다. next to는 「…옆에」라는 뜻이죠. It's 다음에 여러 가지
'전치사구' 도 올 수 있는데요,주로 위치를 말할 때 많이 쓰여요.

It's **just around the corner**	바로 골목어귀에 있어(가까워).
It's **right over there**	바로 저기야.
It's **up to you**	너한테 달린 일이야.
It's _____	길 건너에 있어.

정답: across the street

A: Where is the post office?
B: It's just around the corner.

A: Would you like me to visit you?
B: It's up to you. Do you have time?

A: 우체국이 어디 있나요?
B: 길 모퉁이에 있어요.

A: 내가 너 있는 데로 갈까?
B: 그야 네 맘이지. 시간은 있어?

그 유명한 '가주어' It

기본패턴문형

It's+형용사 명사 부사 +to부정사 that절

앞에서 뭘 주어로 내세워야 할지 애매모호한 경우 즐겨 쓰이는 주어가 It이라고 했죠? 주어가 너무 길 때, 혹은 문장 중에서 강조하고 싶은 부분이 있을 때는 이 '가주어' It을 사용하게 되지요.

 응용 1

It is+형용사~ 다음에 다양한 to부정사를 붙여봅시다.

It's **easy** to **get there**
형용사 / to+동사원형

「거기에 도착하는 건(to get there) 쉬워」라는 말입니다. It is 뒤에 '형용사+to부정사'의 형태가 나온 경우예요. It이 실제적으로는 to~ 이하를 가리키는 역할을 하는 거죠. 또한 to~ 이하의 행동을 하는 주체, 즉 의미상의 주어를 나타내 주려면 to부정사 앞에 'for+사람'을 붙입니다.

It's **good for you** to **eat some vegetables**	야채를 먹는 게 너한테 좋아.
It's **not good for you** to **stay up too late**	너무 늦게까지 안자고 있는 건 좋지 않아.
It's **hard** to **forget about it**	그걸 잊기는 어렵지.
It's _____	몸무게를 줄이기가 굉장히 어려워.

stay up 자지 않고 일어나있다 | lose weight 몸무게를 줄이다   정답: so hard to lose weight

 이렇게 얘기해봐요!

A: I don't like the taste of lettuce.
B: It's good for you to eat some vegetables.

A: God, I feel so tired today.
B: It's not good for you to stay up too late.

A: 양배추 맛이 싫어.
B: 야채를 먹는 게 네 몸에 좋아.

A: 어휴, 오늘 정말 피곤하다.
B: 너무 늦게까지 일어나 있는 건 너한테 안좋아.

076

It is＋형용사/명사 **다음에 다양한** that절**을 붙여봅시다.**

It's important that you trust your boss

형용사   that 절

「네 상사를 믿는다는 게 중요해」라는 말로, 진주어로 that절이 오는 경우입니다. It is 다음에는 important와 같은 형용사 뿐만 아니라 명사도 나올 수 있습니다.

It's **obvious** that **he knows something**	걔 뭔가 알고 있는 게 틀림없어.
It's **not my fault** that **I'm late**	늦은 건 내 잘못이 아냐.
It's **clear** _____	뭔가를 해야만 한다는 건 분명해.

obvious 명백한, 확실한 ｜ clear 분명한, 명료한

정답 : that we have to do something

A: You are late for class.
B: It's not my fault I'm late. **The bus broke down.**

A: It's obvious that he knows something.
B: What makes you think so?

A: 수업에 늦었구나.
B: 지각한 건 제 잘못이 아니에요. 버스가 고장났었다구요.

A: 걔가 뭔가 알고 있는 게 틀림없어.
B: 어째서 그렇게 생각해?

It is[was]~ **다음에 강조하고 싶은** 명사, 대명사, 부사**를 넣어봅시다.**

It was you that I wanted to dance with

강조하고 싶은 말   that절

「내가 함께 춤추고 싶었던 사람은 바로 너였어」라는 말입니다. 그 유명한 'It~ that...' 「강조용법」이죠. 강조하고 싶은 '명사나 대명사, 부사' 등을 It's와 that 사이에 끼워넣으면 됩니다.

It was **peace** that **they fought for**	그 사람들이 싸운 것은 평화를 위해서였다구.
It was _____	걔들이 만난 건 바로 어제였어.

정답 : yesterday that they met

A: I like Diane so much. I'm going to marry her.
B: **What?** It was yesterday that you met her.

A: 다이앤이 너무 좋아. 개랑 결혼할래.
B: 뭐? 걜 만난 건 바로 어제였잖아.

Is it ~ ?으로 물어보기

(기)(본)(패)(턴)(문)(형)

Is it + 형용사 | 명사 | 전치사구 ~?

앞에서 배운 'It is + 형용사 · 명사 · 전치사구'의 문형을 의문문으로 만들어봐요. 주어와 동사는 도치되어야 하니, Is it ~?의 문형이 되겠죠? It's ~로 표현할 수 있는 것은 거의 다 의문문으로 만들어 물어볼 수 있으니, 아래의 보기들만으로 학구열(?)이 채워지지 않으면 앞 페이지들을 다시 펼쳐 하나씩 의문문으로 바꿔보세요.

 Is it~ **다음에 다양한** 형용사, 명사, 전치사구**를 넣어봅시다.**

Is it **true?**
　　　　형용사

「그거 정말이야?」라는 말입니다. Is it~ 뒤에 형용사나 명사 그리고 전치사구 등을 다양하게 바꾸어 가면서 원하는 정보를 얻어보세요.

Is it **free?**	그거 공짜니?
Is it **far from here?**	여기서 멀어?
Is it **his birthday already?**	벌써 걔 생일이니?
Is it **over there?**	그거 저기 있어?
Is it ＿＿＿＿＿＿＿**?**	Central Park까지 머니?

far from …에서부터 먼 | over there 저쪽에

정답: far to Central Park

A: A great new shopping center just opened.　　A: 근사한 새 쇼핑몰이 영업을 시작했어.
B: Really? Is it far from here?　　　　　　　　　B: 정말? 여기서 머니?

A: Let's go to the student's concert.　　　　　A: 학생들이 여는 콘서트에 가자.
B: Is it free or do we have to buy tickets?　　B: 공짜니, 아니면 티켓을 사야 하니?

Is it + 형용사 다음에 다양한 to부정사를 붙여봅시다.

Is it hard to learn French grammar?

형용사(or 명사)   to부정사

「프랑스어 문법 배우는 게 어렵니?」라는 말입니다. Is it + 형용사 뒤에 to부정사가 진주어로 오는 경우입니다. necessary, hard 등 많이 사용되는 형용사 몇 개를 중심으로 to부정사를 다양하게 바꾸어 문장을 만들어보는 연습을 해보세요.

Is it safe to walk the streets at night?	밤에 그 거리를 걸어다니는 거 안전하니?
Is it too early to check in?	체크인하기엔 너무 이른가요?
Is it necessary _____?	개들을 꼭 오늘 찾아가야 하니?

check in 호텔 등에서 투숙절차를 밟다   정답: to visit them today

이렇게 얘기 해봐요!

A: Is it hard to learn Japanese grammar?
B: Yes, but it's easier than Chinese.

A: Let's hurry. We'll be on time if we leave now.
B: Is it necessary to visit them today?

A: 일본어 문법 배우기 어렵니?
B: 응 어렵지. 하지만 중국어보다는 쉬워.

A: 서두르자. 지금 출발하면 제시간에 도착할 거야.
B: 개들을 꼭 오늘 찾아가야 하니?

Is it okay~ 다음에 다양한 to부정사나 if절을 넣어봅시다.

Is it okay to come in?

형용사   to부정사 (또는 if절)

「들어가도 되나요?」라는 말이죠. 상대방의 의사를 묻거나 가볍게 허락을 구하는 의문문으로 대표적인 Is it + 형용사 + to + 동사원형~?의 문형입니다. okay 대신 all right을 써도 되며 또한 to + 동사원형 대신 if + 주어 + 동사를 넣어 말하기도 합니다.

Is it okay for me to sit down here?	내가 여기 앉아도 될까?
Is it okay if I phone after lunch?	점심먹고 나서 전화해도 될까요?
Is it all right if I ask you one more question?	하나만 더 물어봐도 될까?
Is it all right if I finish the apple juice?	이 사과주스 다 마셔도 될까?
Is it okay for me _____?	내가 네 컴퓨터를 써도 될까?

정답: to use your computer (또는 같은 뜻으로 for me를 빼고 if I use your computer?)

이렇게 얘기 해봐요!

A: Is it okay to come in?
B: Sure. What's the matter?

A: I can't talk. I'm very busy now.
B: Is it okay if I phone after lunch?

A: 들어가도 될까요?
B: 그럼요. 무슨 일 있어요?

A: 얘기할 수가 없어. 지금 굉장히 바쁘거든.
B: 점심식사 후에 전화해도 될까요?

It과 함께 쓰이는 일반동사들

기본 패턴 문형
It + 일반동사

It 역시 That과 마찬가지로 be동사 외의 일반동사들 앞에서 주어로 쓰일 수 있습니다. 그중에서 눈, 코, 입 등으로 느끼는 감각을 표현하는 It looks~, It smells~의 경우에는 종종 주어인 'It'을 생략하기도 하죠.

응용 1 It~ 다음에 다양한 일반동사를 넣어봅시다.

It looks good
<u>일반동사</u>　<u>형용사</u>

「근사해보이네」라는 말입니다. 주어 It 다음에 look, sound, smell 처럼 감각동사가 오는 경우에는 뒤에 보어인 형용사(good, sweet, delicious…)를 써주거나 혹은 like+명사(절)을 넣어 말하면 됩니다.

It **looks like it will rain**	비가 올 것 같아.
It **hurts**	아파.
It **works**	효과가 있네.
It **doesn't matter**	그건 중요하지 않아(상관없어).
It _____	맛있는 냄새가 나네.

work 효과가 있다, 작용하다　matter 중요하다

정답: It smells delicious[good].

A: Do you like my drawing?
B: It looks good. You should study art.

A: It looks like it will rain.
B: It doesn't matter. We'll be inside.

A: 내가 그린 그림 맘에 들어?
B: 멋있다. 미술을 공부해야겠네.

A: 비가 올 것 같아.
B: 상관없어. 우린 실내에 있을 거니까.

앞의 명사를 보충설명하는 '관계대명사 절'

형용사 정도로는 보충설명이 부족하다고 느껴질 땐 문장의 형태인 '절'을 이용하면 돼요. 문장 속의 문장을 만드는 거니까 특별한 '연결고리'가 필요하다는 것쯤은 눈치채셨겠죠? 그 연결고리가 바로 '관계대명사'죠.

✎ 주격 관계대명사 절 만들기

'관계대명사'라는 용어, 기억나시죠? 듣기만 해도 머리가 아프시다구요? 하지만 문장 속의 명사에 대해 부연설명을 하려면 이 '관계대명사'가 꼭 필요해요. 관계대명사로는 who(사람), which(사물), that(사람·사물)이 있습니다.

❶ I have a brother　　　　　　　　　　**❷ My brother lives in New York**

위 두 문장을 한꺼번에 말해주고 싶다고 가정해보죠. 두 문장에서 중복되는 부분은 a brother(my brother)네요. a brother는 사람이니 관계대명사 who를 넣어 하나로 연결해주세요. 아래 문장에서의 a brother와 같이 관계대명사 앞에 쓰여서 두 문장의 중복되는 부분을 나타내는 단어를 '선행사'라고 합니다.

I have a brother who lives in New York　　　　내겐 뉴욕에 사는 형이 한 명 있지.

✎ 목적격 관계대명사 절 만들기

앞에서는 ❷번 문장의 '주어'인 My brother가 ❶번 문장과 중복되었지만, 만일 ❷번 문장의 '목적어'가 겹친다면 관계대명사의 형태를 조금 바꾸어 줘야 해요.

① I have a brother　　　　　　　　　　**② I love him so much**

위에서는 ②번 문장의 '목적어'인 him이 ①번 문장의 a brother와 중복되죠. a brother(him)는 사람이니 who를 써야 하는데, 이어주는 문장의 '목적어'가 앞 단어와 겹친다는 것을 나타내려고 '목적격' 관계대명사인 whom을 써주어야 하는 거지요. 그래서 다음과 같은 문장이 됩니다.

I have a brother whom I love so much　　　　내겐 내가 무척 사랑하는 형이 한 명 있지.

이처럼 선행사가 뒤에 이어지는 관계대명사 절 내에서 주어냐 목적어냐, 혹은 소유격 형용사(my, her...)냐에 따라서 관계대명사도 모습이 바뀐답니다.

선행사	주어	소유격	목적어
사람	who	whose	whom
사물·동물	which	whose	which
사람·사물·동물	that	없음	that

시간이 필요해

It takes+명사~

바로 앞에서 언급한 It+일반동사의 대표적인 문형이죠. It takes+명사는 시간이 얼마만큼 「걸리다」라고 할 때 뿐만 아니라 사람, 노력, 공간 등 뭔가 하기 위해서 「필요로 하는」 경우를 말할 때도 많이 쓰입니다.

응용 1 It takes~ 다음에 다양한 시간 명사를 넣어봅시다.

It takes **10 minutes** to go there
시간을 나타내는 명사   to부정사

「거기 가는 데 10분 걸려」라는 말입니다. It takes 다음에 '시간'을 나타내는 명사가 와서 「…만큼 걸리다」라는 의미를 나타내죠. 몇분, 몇시간 뿐 아니라 며칠, 몇달, 몇년까지도 올 수 있으며, 'to+동사원형'을 뒤에 붙여 '뭘 하는 데' 그만큼의 시간이 걸리는지는 말할 수 있습니다.

It takes **only a couple of days**	이틀이면 돼요.
It takes **about 1 hour** to get to work	출근하는 데 1시간 정도 걸려.
It takes **a month** to review them all	그것들을 다 검토하는 데 한 달 걸려요.
It took **a year** to get over him	걜 잊는 데 일년 걸렸어.
It takes **at least a week** to finish this type of work	이런 종류의 일은 끝내는 데 적어도 일주일은 걸리지.
_____ to walk there	거기까지 걸어서 30분 걸려.

about 약, 대략 | review 검토하다 | get over 잊다, 극복하다

정답: It takes 30 minutes

A: How far do you live from your office?
B: It takes about 1 hour to get to work.

A: It takes at least a week to finish this type of work.
B: That's too long. Couldn't you finish a little earlier?

A: 직장에서 얼마나 떨어진 곳에 살아요?
B: 출근하는 데 1시간 정도 걸려요.

A: 이런 유형의 일을 끝내려면 적어도 일주일은 걸려요.
B: 일주일은 너무 길어요. 좀더 일찍 마칠 수는 없나요?

It takes~ 다음에 다양한 명사를 넣어봅시다.

It takes **two men** to **do this job**

명사(사람, 노력, 공간 등) ── to부정사

「이 일을 하는 데는 두 명이 들어」 즉 「두 명이 필요해」라는 말입니다. It takes 다음에는 앞서 말한 것과 같은 '시간명사' 뿐만 아니라 '사람, 노력, 공간 등을 나타내는 명사'가 와서 다양한 문장을 만들 수 있습니다.

It takes **a lot of hard work**	각고의 노력이 필요해.
It takes **courage** to **do so**	그러려면 용기가 필요해.
It takes **a lot of focus** to **be good**	잘하려면 꽤나 집중을 해야 해.
It takes **a large place** to **hold a party**	파티를 열려면 넓은 장소가 필요해.
_____ to **play this game**	이 게임을 하려면 세 명이 필요해.

courage 용기 | focus 집중, 초점

정답: It takes 3 people

A: It takes two men to do this job.
B: We'd both better work on it.

A: Those professional athletes are amazing.
B: It takes a lot of focus to be good.

A: 이 일을 하려면 두 사람이 필요해.
B: 우리 둘이 하면 되겠네.

A: 저 프로 선수들은 대단해.
B: 잘하려면 꽤나 집중을 해야 해.

내 생각을 부드럽게 말할 때

기 본 예 대 문 형
It seems ~

「내 생각엔~」, 혹은 「…인 것 같아」라고 하면서 자신의 의견을 부드럽게 말할 때 꼭 필요한 표현이 It seems~ 랍니다. 뒤에는 절이 오기도 하고, 형용사나 명사가 오기도 합니다. Seems 다음에 to me를 살짝 삽입하여 It seems to me~ 하면 '개인적인 견해' 라는 점을 강조할 수도 있고, 또한 seems 다음에 like를 넣어 It seems like~라고 하면 전달하는 내용을 좀더 완곡하게 만들어줄 수도 있습니다.

응용 1

It seems~ 다음에 다양한 절을 넣어봅시다.

It seems <u>he's always busy</u>
that절(that 생략가능)

「걘 항상 바쁜 것 같아」라는 말이죠. It seems (that) ~ 뒤에 「절」이 와서 「…인 것 같아」라는 의미를 나타냅니다. 이때 that은 생략하는 경우가 많죠.

It seems **that you've got a problem**	문제가 있는 것 같군요.
It seems **to me she doesn't love you**	내 생각에 걘 널 사랑하지 않는 것 같아.
It seems **to me I've seen it before somewhere**	그걸 전에 어디선가 본 것 같아.
It seems _____	지갑을 잃어버린 것 같아.

have got have의 의미   정답: I have lost my wallet

A: What do you think about our project?
B: It seems that you've got a problem.

A: Why do you fight so much with your husband?
B: It seems that he's always busy.

A: 우리 프로젝트에 대해 어떻게 생각해?
B: 문제가 있는 것 같네요.

A: 남편하고 왜 그렇게 많이 싸워?
B: 항상 바쁜 것 같아서.

응용 2 It seems~ 다음에 다양한 like+명사(절)을 넣어봅시다.

It seems like **a good idea**
명사

「좋은 생각인 것 같아」라는 의미입니다. It seems like+명사(또는 명사절)의 형태로, It seems ~ 보다 좀더 완곡하게 느껴지는 표현이죠. It seems like 다음에는 '명사'가 오거나 '절'이 와요.

It seems like **he has a lot of friends**	걘 친구가 많은 것 같아.
It seems like **it's time to break up with her**	개랑 헤어질 때도 된 거 같은데.
It seems like **yesterday that she was a kid**	개가 꼬마였을 때가 엊그제 같은데.
It seems like ＿＿＿＿＿＿＿	그 여잔 항상 늦는 것 같네요.

break up with+사람 (연인 · 부부 사이에) …와 헤어지다.   정답: she is always late

A: It seems like he has a lot of friends.
B: Yes, he's a nice guy.

A: Have you looked at their investment plan?
B: Yeah. It seems like a good idea.

A: 걔 친구가 많은 것 같아.
B: 응, 걔 성격 좋은 녀석이니까.

A: 그쪽의 투자전략은 훑어봤어?
B: 응. 좋은 생각인 것 같아

응용 3 사람을 주어로 하여 ~ seems+명사(형용사)의 형태를 만들어봅시다

He seems **nervous**
형용사(또는 명사)

「걘 신경이 날카로운 것 같아」, 「긴장한 것 같아」라는 말입니다. 앞의 경우와 달리 seem의 주어로 It 이 아니라 사람주어가 온 경우이죠. 이때는 seem 뒤에 형용사나 명사 등의 보어가 오게 됩니다.

They seemed **an ideal couple**	걔들은 이상적인 커플같았는데.
Sean seems **tired this morning**	션은 오늘 아침 피곤한 것 같네.
She seems ＿＿＿＿＿＿＿	그 여잔 굉장히 똑똑해 보여.

ideal 이상적인   정답: very smart

A: He seems nervous. What's wrong?
B: He's had a lot of stress lately.

A: 걔가 신경이 날카로운 것 같은데. 무슨 일 있어?
B: 요새 스트레스를 많이 받아서 그래.

06

나도 어엿한 주어!
사물주어의 활용법

사물주어+동사

TV나 radio, 자동차 등의 사물 역시
주어로 많이 쓰입니다. 주로 동작의 주체는 따로 있는
'수동태' (주어+be+과거분사)의 형태가 많지만,
여기에서는 어엿한 '능동태' 문장에서 주어로 쓰이는
사물주어의 당당한 모습을 확인해보도록 해요.

무생물, 주어로 등극

기본패턴문형

사물주어+동사

사물주어가 be동사와 결합하는 경우는 흔하죠. The flower is pretty(꽃이 예쁘다)와 같이, 사물의 상태를 나타내는 경우가 많으니까요. 하지만 '동작'의 개념이 들어간 일반동사들도 사물주어를 맞아들이는 경우가 없는 것은 아니에요. 특히 '사물주어+hurt/work/say' 등과 같은 영어적인 표현에 익숙해지도록 하세요.

응용1 사물주어 **다음에 다양한** 일반동사**를 넣어봅시다.**

My leg hurts

<u>My leg</u>   <u>hurts</u>
 사물주어   일반동사

「다리가 아파」라는 말입니다. 여기서 hurt는 「아프다」라는 의미인데, 「아프게 하다」, 「다치게 하다」라는 의미로도 쓰이죠. '사물주어+동사'의 긍정문 형태죠. 지금 소개한 **My leg hurts**라든가 The **sign says~** 와 같은 문장들은 꼭 기억해두도록 해요.

The concert **began**	콘서트가 시작됐어.
The telephone **works fine**	전화가 작동이 잘 돼.
The sign **says, "Don't Cross"**	표지판에 「건너지마시오」라고 쓰여있어.
The coat **fits you**	이 코트가 너한테 (사이즈가) 맞아.
This train _____	이 기차는 뉴욕으로 가요.

say …라고 쓰여있다   정답: goes to New York

A: You're very late. The concert began at six.
B: Sorry. The traffic was heavy.

A: The sign says, "Don't Cross."
B: How can I get across the street?

A: 꽤 늦었네. 콘서트는 6시에 시작했는데.
B: 미안해. 길이 막혀서.

A: 표지판에 「건너지 마시오」라고 쓰여있어.
B: 그럼 어떻게 길을 건너면 되는 거야?

The TV doesn't work
　　사물주어　　　　　일반동사의 부정형

「TV가 작동이 안돼」, 「안나와」라는 의미죠. work는 무생물을 주어로 「작동하다」란 의미예요. '사물주어＋don't[doesn't]＋동사' 의 부정문입니다. 현재의 일이면 don't나 doesn't를, 과거의 일을 말하면 didn't를 써야겠죠?

The car **doesn't run**	자동차가 꼼짝도 안해.
The water **won't come out**	물이 안나와.
The bus ＿＿＿＿＿＿＿＿	그 버스는 맨해튼으로 가지 않았어.

won't will not의 축약　　　　　　　　　　　　　　　정답: didn't go to Manhattan

A: Darn it! The TV doesn't work.
B: You'd better call a TV repairman.

A: The car doesn't run **because of** an engine problem.
B: I'll bet it will be expensive to fix.

A: 젠장! TV가 안나오네.
B: TV 수리공을 불러야겠네.

A: 엔진에 문제가 있어서 차가 꼼짝도 안해.
B: 분명 고치는 데 돈이 많이 들 거야.

Does this train go to San Francisco?
　조동사　　사물주어　　　동사원형

「이 기차는 샌프란시스코로 가나요?」라는 말이죠. 조동사를 문장 맨앞으로 뺀 의문문입니다. 이 역시 마찬가지로 현재의 일이면 do나 does를, 과거이면 did를 써야하죠.

Does this bus **stop at Broadway?**	이 버스, 브로드웨이에 서나요?
Does it **need batteries?**	이거 배터리가 필요한 건가요?
Does the machine ＿＿＿＿＿**?**	이 기계는 작동이 잘 되나요?

work (기계 등이) 작동되다　　　　　　　　　　　　　　정답: work well

A: Does this train go to Chicago?
B: No, it's going to go to New Orleans.

A: The toy I bought for my kid isn't working.
B: Does it need batteries?

A: 이 기차 시카고로 가나요?
B: 아뇨, 뉴올리언즈로 가는 건데요.

A: 아이한테 사준 장난감이 작동이 안돼요.
B: 배터리가 들어가는 건가요?

무생물, be동사와 결합

사물주어+be ~

사물주어가 be동사와 결합한다면 크게 세가지 경우일 거예요. ① 주어의 상태를 나타내는 문장(be＋형용사·명사) ② 현재진행형(be ~ing) ③ 수동태 문장(be＋과거분사)의 경우가 그것이죠. 문형 자체는 모두 이미 혹은 뒤에서 설명되는 것이지만 여기서는 '주어가 사물' 이라는 데 초점을 맞추고 생각해보도록 하죠.

 응용 1

사물주어 다음에 다양한 be＋형용사를 넣어봅시다.

Her performance was perfect

사물주어   be＋형용사

「그 여자 연기는(또는 공연은) 완벽했어」, 「끝내줬어」라는 말이죠. 사물주어 다음에 'be＋형용사' 로 사물의 '상태' 를 나타내는 문장이에요. be동사 혹은 조동사를 앞으로 끌어내 의문문의 형태로도 만들어봐요.

The schedule **is very tight**	일정이 굉장히 빡빡해.
Is the subway station **near here?**	전철역이 이 근처에 있니?
Was the room **nice and warm?**	방은 쾌적했니?

nice and warm 기분좋게 따뜻한

 이렇게 얘기 해봐요!

A: Did you enjoy the new Nicole Kidman movie?
   I know you like her.
B: Yes, her performance was perfect.

A: Was the room nice and warm?
B: No, it was pretty cold in there.

A: 니콜 키드먼의 새 영화 재밌었니?
   너 그 배우 좋아하잖아.
B: 응, 니콜 키드먼의 연기는 최고였어.

A: 방은 쾌적했니?
B: 아니, 방안이 굉장히 춥더라구.

응용 2 사물주어 **다음에 다양한** 진행형(be + ~ing) **문장을 만들어 봅시다.**

The phone **is ringing**
      사물주어   진행형(be + ~ing)

「전화벨이 울리고 있어」라는 말이죠. 사물주어 다음에 'be +~ing' 의 현재진행 형태로 사물의 '작동' 이 진행중임을 나타내거나 '현재' 어떤 상태인지 강조하는 문장이에요.

The book **is sitting on the shelf**	책은 선반 위에 놓여있어.
Sweat **is running down my shirt**	땀이 셔츠 속에서 흘러.
It **is killing me**	그것때문에 미치겠어.
The machine _____	기계는 지금 작동중이에요.

kill 짜증나게 하다, 불쾌하게 하다   정답: is working now

A: The phone is ringing.
B: Can you answer it? I'm kind of busy.

A: Did you go to the gym today?
B: Yes, I exercised. Sweat is running down my shirt.

A: 전화벨이 울리네.
B: 받아줄래? 내가 좀 바빠서.

A: 오늘 헬스클럽 갔니?
B: 응, 운동했어. 땀이 셔츠 속에서 흘러.

응용 3 사물주어 **다음에 다양한** 수동태(be + 과거분사) **문장을 만들어 봅시다.**

The door **is locked**
      사물주어   수동태(be + 과거분사)

「문이 잠겨 있어」라는 말이죠. 「잠그다」라는 동사 lock을 'be + 과거분사' 형태의 수동태로 바꿔 **be locked**(잠겨 있다)로 만들었어요. 주로 동사의 주체가 애매하거나, 동사의 주체보다는 사물의 상태에 초점을 맞출 경우, 사물을 주어로 한 수동태 문장을 쓰죠.

The flight **to Miami is delayed**	마이애미 비행 일정이 연기되었어.
The street **is filled with people**	길이 사람들로 가득해.
The poster **is being displayed on the wall**	포스터는 벽에 걸려 있어.
It **is called a "dashboard"**	그건 '계기판' 이라고 불러요.

delay 연기하다 | **be filled with** …로 가득 차다 | **dashboard** 자동차 계기판

A: What are you doing standing outside the office?
B: Well, the door is locked.

A: The street is filled with people.
B: They're watching the Independence Day parade. Today is the 4th of July.

A: 사무실 밖에 서서 뭐하는 거야?
B: 그게, 문이 잠겨 있어.

A: 길이 사람들로 가득해.
B: 독립기념일 퍼레이드를 구경하는 거야. 오늘이 7월 4일이잖아.

07

여기, 저기로 해석되지 않는 Here와 There

Here[There] is ...

Here는 「여기」, There는 「저기」를 가리키는
말이지만 Here나 There가 주어로 쓰일 때는
그렇게 해석되지 않습니다. 주로 물건을 건네주면서
「자, 이거 받아」라고 하는 표현에 많이 쓰이는 Here is...의 표현들과
「…이 있다」라는 의미로 쓰이는 There is...의 표현들을
살펴보기로 해요.

상대에게 뭔가를 건넬 땐 Here를

Here is [are + 명사

「자 받아」, 「여기 있어요」라는 말이죠. 'Here + 주어 + 동사'의 문형으로 Here you are를 위시해 Here it is, Here she comes 등 동일 문형의 다양한 표현들은 아예 통째로 암기해 두세요.

Here is[are]~ **다음에 다양한 명사를 넣어봅시다.**

Here's **something for you**
명사

「이거 받아, 너 주려는 거야」, 「이거 너 줄려고」라는 표현입니다. 'Here is[are] + 명사'의 문형이죠. 물건 · 정보 등을 건네며 「자, 여기 있어」라는 의미로 하는 말이에요. 단수명사의 경우에는 Here "is", 복수명사의 경우에는 Here "are" 가 되어야 하죠.

Here's **your change and receipt**	자, 여기 거스름돈과 영수증이요.
Here's **your order**	주문하신 음식 나왔습니다.
Here's **good news for you**	너한테 좋은 소식 있어.
Here are **the papers you asked for**	부탁하신 서류 여기있어요.
Here's **my (phone) number**	여기, 내 전화번호에요.
Here's _____	이거 제 명함이에요.

change 거스름돈 | receipt 영수증 | ask for …을 부탁하다, 요구하다   정답: my (business) card

A: I'll give you the money for the tickets.
B: Thank you. Here's your change and receipt.

A: Here's my card. Call me at this number.
B: Okay. When is a good time for you to talk?

A: 티켓 값 드리겠습니다.
B: 감사합니다. 여기 거스름돈과 영수증이요.

A: 제 명함입니다. 이 번호로 전화하세요.
B: 알겠습니다. 언제가 통화하기 편한 시간인가요?

Here **you are**

주어＋동사

「자 받아」, 「여기 있어요」라는 말이죠. 'Here＋주어＋동사' 의 문형이에요.

Here **we are**	드디어 도착했다. / 자, 여기있다.
Here **we go**	시작해볼까. / 자, 여기있다.
Here **it is**	자, 받아.
Here **it comes**	자, 받아. / 또 시작이군.
Here **she comes**	걔가 온다.

A: Where is your new girlfriend?
B: Here she comes. I'll introduce you.

A: It's 20 dollars and 50 cents. By cash or credit card?
B: Uh... cash, please. Here you are.

A: 새로 사귄 여자친구는 어딨어?
B: 지금 오네. 소개시켜줄게.

A: 20달러 50센트입니다. 현금으로 내시겠습니까, 카드로 내시겠습니까?
B: 어, 현금으로요. 여기 있어요.

→ 영어회화 지식Box: 위하여! – Here's to ＋ 명사

Here와 관련해서 빼놓을 수 없는 관용표현이 한가지 더 있습니다. 술자리, 축하연 등에서 분위기가 무르익으면 자신의 술잔을 높이 쳐들면서 「자, 우리 …를 위하여 건배!」라고 외치는 사람들이 있기 마련이지요. 실생활에서나 영화 · 드라마에서 숱하게 접할 수 있는 모습 아닌가요? 이럴 때 쓸 수 있는 표현이 바로 Here's to ＋건배하고 싶은 내용'이죠. "Here's to your health!" (건강을 위하여 건배), "Here's to our bright future!" (밝은 미래를 위하여 건배!) 등과 같이 쓸 수 있구요, 그냥 "To your happiness!" (너의 행복을 기원하며 건배!)와 같이 써도 됩니다. 그럼 나머지 사람들은 뭐라고 하나고요? "Cheers!" (건배)라고 응수하며 자기 잔을 들면 됩니다.

'거기'가 아니라니까!

There is | are + 명사

There is[are]~ 역시 「거기는 ~」이라고 생각하면 크나큰 오해입니다. 사람은 물론 유형·무형의 사물이 「있다」라고 할 때 쓰는 표현이니까 말이에요. Here is[are] ~에서와 마찬가지로 뒤에 단수명사(셀 수 없는 명사 포함)가 오면 There is를, 복수명사가 오면 There are를 써주어야 합니다.

There is~ 다음에 다양한 단수 명사를 넣어봅시다.

There's **a phone call for you**
　　　　　　단수 명사

「너한테 전화가 와 있어」라는 말이에요. There is 다음에 '단수명사'가 와서 「…이 있다」는 의미를 나타냅니다. furniture(가구)나 advice(충고)와 같이 셀 수 없는 명사도 단수취급 하는 거 아시죠?

There's **a gas station on the corner**	길모퉁이에 주유소가 있어요.
There's **only one way to get there**	거기 가는 길은 딱 하나야.
There's **nothing to tell**	말할 게 없어.
Is there **any problem?**	무슨 문제라도 있나요?
＿＿＿＿＿＿＿＿＿＿＿ **nearby?**	근처에 식당이 있나요?

gas station 주유소　　　　　　　　　　　　　　　정답: Is there a restaurant

A: There's a phone call for you.
B: Thank you. I'll take it in my office.

A: Isn't there a short cut to get home?
B: No, there's only one way to get there.

A: 전화 왔어요.
B: 고마워요. 내 사무실에서 받을게요.

A: 집으로 가는 지름길은 없나?
B: 없어, 가는 길은 딱 하나야.

응용 2 There are~ 다음에 다양한 복수 명사를 넣어봅시다.

There are **cute girls at the bar**
복수 명사

「바에 예쁜 여자애들이 있어」라는 말이죠. '복수 명사' 를 쓰려면 There "are" ~의 형태로, be동사도 복수형으로 바꿔주세요.

There are **a lot of reasons for that**	거기에 대한 이유라면 많아.
There are **a few things you should know**	네가 알아야 할 것들이 몇가지 있어.
Are there **cheaper ones in the store?**	가게 안에 좀더 싼 게 있나요?
There are _____ **to think about**	생각할 것들이 많이 있어.

정답: many things

A: There are cute girls at the bar.
B: Let's go over and introduce ourselves.

A: Why did you change your major at university?
B: There are many reasons for that.

A: 바에 예쁜 여자애들이 있어.
B: 가서 우리 소개를 하자.

A: 대학에서 전공을 왜 바꿨어?
B: 여러 가지 이유가 있어.

응용 3 There+주어+동사 형태의 다양한 관용표현들을 알아봅시다.

There **you are**
주어+동사

「자 받아」, 또는 「거봐 내가 뭐랬어」라고 할 때 쓰는 표현입니다. 'There+주어+동사' 역시 앞의 Here+주어+동사와 더불어 일상 생활영어에서 많이 쓰이는 표현으로 잘 외워두세요.

There **you go**	자, 받아. / 거봐, 내말이 맞지. / 그래 그렇게 하는 거야.
There **you go again**	또 시작이로군.
There **it is**	그래 이거야! / 자, 받아.
There **he is**	그 사람 왔네.

A: Where is my notebook?
B: There it is. You are too disorganized.

A: These are the books you requested.
   There you go.
B: Thank you for your help.

A: 내 노트 어디 있지?
B: 자 받아. 넌 너무 정리를 안하는구나.

A: 요청하신 책들입니다. 자 받으세요.
B: 도와주셔서 감사합니다.

08

유능한 동사 도우미, 조동사의 세계로

would ...

조동사는 그야말로 동사를 도와주는 도우미의 역할을 해서 시제나 의미를 보다 확실하게 만들어줍니다. 당연히 도와줄 동사가 함께 나와야 하는데요, 조동사 뒤의 동사는 언제나 「동사원형」이어야 한다는 것을 기억하세요.

～하고 싶은데요

기본패턴형

I'd like＋명사 | to+동사

I'd는 I would의 축약형으로 I'd like~라고 하면 우리말 「…하고 싶은데요」에 해당되는 표현으로 일상회화에서 빈번하게 사용됩니다. 자기가 '지금', '현재' 원하는 거나 하고 싶은 행위를 말할 때 사용하면 됩니다. 비슷하게 생긴 'I like+명사/to+동사'는 좋아하기는 좋아하는 거지만 I'd like~처럼 '지금', '현재'를 강조하는 게 아니라 '일반적인 기호'를 말하는 것입니다. 또한 'I want+명사/to+동사'는 I'd like~와 비슷한 의미이기는 한데, I'd like~ 쪽이 좀더 부드러운 느낌을 주지요.

 응용 1

I'd like~ 다음에 다양한 **명사**를 넣어봅시다.

I'd like <u>a window seat</u>
                    명사

「창가쪽 자리(window seat)로 주세요」라는 의미입니다. 이렇게 'I'd like＋명사'의 형태로 원하는 바를 얘기할 수 있어요.

I'd like **another beer**	맥주 한잔 더 마실래요.
I'd like **that**	그렇게 하고싶어. (상대의 말을 that으로 받아서)
I'd like _____	같은 걸로 할게요. (음식주문 등의 경우)

정답: the same

 이렇게 얘기해봐요!

A: I'd like a window seat.
B: I'm sorry, but those are all sold out.

A: I'm going to order a cafe latte with no cream.
B: I'd like the same. They make great coffee here.

A: 창가 쪽 자리로 하고 싶은데요.
B: 죄송하지만 그쪽 티켓은 다 팔렸어요.

A: 난 프림 넣지 않은 까페라떼 주문할래.
B: 나도 같은 걸로 할래. 여기 커피 맛있게 끓여주더라.

100

응용 **2**

I'd like~ 다음에 다양한 to부정사를 넣어봅시다.

I'd like to **go with you**
to+동사원형

「너하고 같이 가고 싶어」라는 의미입니다. 'I'd like to＋동사원형'의 형태로 뭘 하고 싶은지 얘기하는 표현이지요. 'I'd love to＋동사원형'도 같은 의미입니다.

I'd like to **check in**	체크인 하고 싶은데요.
I'd like to **order a large pizza**	라지 사이즈 피자를 주문하고 싶어요.
I'd like to **know what you're thinking about**	네가 뭘 생각하는지 알고 싶어.
I'd like to _____	사이먼하고 얘기하고 싶어. (전화통화시 바꿔달라는 의미로도 쓰임)

check in (호텔·비행기 등에서) 투숙(탑승) 절차를 밟다   정답: talk[speak] to Simon

A: I'd like to check in.
B: OK. Do you have any luggage with you?

A: This is Pizza Hut. Can I help you?
B: Yes, I'd like to order a large pizza.

A: 체크인 하고 싶은데요.
B: 알겠습니다. 짐은 있으신가요?

A: 피자헛입니다. 도와드릴까요?
B: 네, 피자 라지 한 판 주문하고 싶은데요.

응용 **3**

I'd like to, but~ 다음에 다양한 문장을 집어넣어 봅시다.

I'd like to, but **I have other plans**
문장

「그러고는 싶지만, 다른 계획이 있어요」라는 말이죠. I'd like to, but~은 제안, 권유 등에 대한 예의 바른 거절답변으로, 「그러고는 싶지만~」이라는 의미예요. but 뒤에는 상대의 말대로 할 수 없다는 내용이나 할 수 없는 이유를 문장으로 만들어 붙이죠.

I'd like to, but **I can't go with you**	그러고는 싶지만 너하고 같이 못가.
I'd like to, but **I have to get back to work**	그러고는 싶지만 일하러 가야 돼.
I'd like to, but _____	그러고는 싶지만 시간이 충분치 않아.

정답: I don't have enough time

A: You should go out with us on Friday night.
B: I'd like to, but I have other plans.

A: Hey Frank, have a beer with us.
B: I'd like to, but I have to get back to work.

A: 금요일 밤엔 우리랑 같이 나가자.
B: 그러고는 싶지만 다른 계획이 있어.

A: 야, 프랭크, 우리랑 맥주 한잔 하자.
B: 그러고는 싶지만 다시 일하러 가봐야 해.

좀더 조심스럽게 '~하고싶다' 말하기

I'd rather + 동사 | 절

I would rather ~는 굳이 어느 쪽인지 선택을 한다면 「…가 하고 싶다」는 뉘앙스의 표현이에요. 상대의 제안이나 기대와는 좀 어긋나더라도 기분 상하지 않도록 조심스럽게 말한다는 느낌이 드는 표현입니다. 뒤에는 '동사원형'이 오기도 하고 '절' (동사의 과거형 사용)이 오기도 해요.

응용 1

I'd rather~ 다음에 다양한 동사원형을 넣어봅시다.

I'd rather stay home
동사원형

「집에 있는 게 낫겠어」, 「그냥 집에 있을래」라는 말이죠. I would rather 다음에 '동사원형'이 와서 「…하고 싶다」는 의미를 나타내는 경우를 연습해보기로 해요. 이 표현의 부정형은 I'd rather 뒤에 not만 붙여주면 돼요.

I'd rather **go to the party all by myself**	그냥 파티에 혼자 갈래.
I'd rather **not**	난 안그러는 게 낫겠어.
I'd rather **not go out with Chuck**	척하고 데이트하지 않는 게 낫겠어.
I'd rather **take a cab**	택시를 타는 게 낫겠어.
_____ **tonight**	오늘 밤엔 외출하지 않는 게 좋겠어.

go out with+사람 …와 데이트하다 go out 외출하다

정답: I'd rather not go out

A: Will you go out with me tonight?
B: I'd rather stay home and study.

A: I'm going to fix you up with a date.
B: I'd rather go to the party all by myself.

A: 오늘 나하고 데이트할래?
B: 그냥 집에서 공부할래.

A: 내가 소개팅 시켜줄게.
B: 그 파티에 그냥 혼자 갈래.

I'd rather~ than... 의 문형을 만들어 봅시다.

I'd rather **have fun than save money**

(A) than (B)

「난 저축을 하느니 즐기고 싶어」라는 말이죠. I'd rather A than B의 구조로 「B하기 보다는 차라리 A가 하고 싶다」는 의미입니다. I'd rather 다음에는 일단 '동사원형' 이 나와주어야 하구요, 동사 자체를 비교하는 경우에는 '동사 than 동사,' 동사의 목적어를 비교하는 경우에는 '동사+명사 than 명사' 의 구조가 되어야 한다는 거, 잊지마세요.

I'd rather **die than speak in front of people**

사람들 앞에서 연설을 하느니 차라리 죽는 게 나아.

I'd rather **go with her than anyone else**

다른 사람하고 가느니 걔하고 같이 갈래.

_____

내일보다는 오늘 하는 게 낫겠어.

정답: I'd rather do it today than tomorrow

A: Why are you taking your sister to the dance?
B: I'd rather go with her than anyone else.

A: I'd rather have fun than save money.
B: You should worry about your future more.

A: 춤추는 데 왜 여동생을 데리고 가는 거야?
B: 다른 사람하고 가느니 걔하고 가는 게 나아.

A: 저축을 하느니 즐기는 게 나아.
B: 미래를 좀더 걱정해야지.

부탁할 땐 예의바르게 Would로 물어보자

기 본 패 턴 문 형

Would[Could] you + 동사원형~?

상대에게 뭔가 해달라고 부탁하거나 뭔가 하자고 제안을 할 때, Would you~?나 Could you~?로 물어보면 상당히 공손한 느낌을 줍니다. please를 넣어 Would[Could] you please ~?로 물어보면 한층 더 공손한 표현이 되죠.

응용 **1** Would you~ 다음에 다양한 동사원형을 넣어봅시다.

Would you turn the radio down?

Could도 가능   동사원형

「라디오 소리를 낮춰줄래요?」라는 말입니다. turn down은 소리나 열 등을 「낮추다」, 「죽이다」라는 뜻이거든요. 뭔가 공손하게 부탁하고 싶을 때는 이렇게 Would you나 Could you 다음에 동사를 붙여서 말하면 됩니다. 자, 한번 다양한 동사구를 바꾸어가면서 이것저것 다 부탁해볼까요?

Would you **have dinner with me sometime?**	언제 한번 저하고 같이 저녁식사 할래요?
Would you **lend me your phone?**	전화 좀 써도 될까요?
Would you **hold the line for a second?**	잠깐 끊지 말고 기다려 주실래요?
Could you **do me a favor?**	부탁 하나 들어 줄래요?
Could you **recommend one for me?**	저한테 하나 추천해 주실래요?
Would you _____?	소금 좀 건네 주실래요?

do me a favor 내 부탁을 들어주다   recommend 추천하다   정답: pass me the salt

A: Would you turn the radio down?
B: Sorry. I didn't realize it was too loud.

A: This store sells many fine wines.
B: Could you recommend one for me?

A: 라디오 소리 좀 줄여줄래?
B: 미안해. 소리가 너무 큰 줄 몰랐네.

A: 이 가게에서는 고급 와인을 많이 팔지.
B: 하나 추천해주겠어?

응용

Would you please~ 다음에 다양한 동사를 넣어봅시다.

Would you please give him a message for me?
동사원형

「그 사람에게 제 메시지를 전해주시겠어요?」라는 말입니다. 전화통화시 흔히 들을 수 있는 표현이죠. 'Would[Could] you please+동사~?' 의 형태는 좀더 공손한 느낌을 줘요. please를 문장 끝으로 옮겨 'Would[Could] you+동사 ~, please?' 라고 하기도 합니다.

Would you **fill out this form,** please?   이 서식을 써 넣어 주시겠어요?
Could you please **repeat what you said?**   다시 한번 말씀해 주시겠어요?
Could you please **tell me why?**   이유를 말씀해 주시겠어요?
Would you ＿＿＿＿＿＿＿＿, please?   좀더 천천히 말해 주실래요?

fill out (빈칸 등을) 채워넣다   정답: speak more slowly

A: I'm sorry, but Tony isn't here now.   A: 미안하지만 토니는 지금 없어요.
B: Would you please give him a message for me?   B: 토니에게 메시지를 전해 주시겠어요?

A: Unfortunately, you're going to fail this course.   A: 안됐지만 자네 이 과목은 낙제야.
B: Could you please tell me why?   B: 이유를 말씀해 주시겠어요?

～하실래요?

Would you like + 명사 to부정사~?

음식을 권한다든가 뭔가 하자고 제안을 하면서 상대의 의향을 물어볼 때는 Would you like~?를 써요. Would you like ~뒤에는 「명사」가 올 수도 있고 'to+동사원형'이 올 수도 있습니다.

응용 **1** Would you like~ **다음에 다양한 명사를 넣어봅시다.**

Would you like **something** **to drink?**
명사   수식어구

「마실것 좀 드릴까요?」라는 의미입니다. 'Would you like+명사?'의 형태로, 주로 음식 등을 권할 때 상대방의 의향을 물어보는 표현으로 쓰여요. 명사 앞에 형용사로 수식어를 붙이거나 위 문장처럼 뒤에 to부정사나 전치사구 형태의 수식어구를 붙여서 말할 수도 있습니다.

> Would you like **some beer?**   맥주 좀 드릴까요?
> Would you like **a small or a large size?**   작은 걸로 드실래요, 큰 걸로 드실래요?
> Would you like **soup or salad with your lunch?**
>   점심식사에 곁들여서 수프를 드시겠습니까, 샐러드를 드시겠습니까?
> _____ **before dinner?**
>   저녁 먹기 전에 와인 한잔 하실래요?

정답: Would you like a glass of wine

A: What a long day. I'm really tired.
B: Me too. Would you like some beer?

A: Give me a coke, please.
B: No problem. Would you like a large or a small size?

A: 정말 힘든 하루였어. 굉장히 피곤하다.
B: 나도 그래. 맥주 좀 마실래?

A: 콜라 한 잔 주세요.
B: 네. 큰 걸로 드릴까요, 작은 걸로 드릴까요?

응용 12

Would you like~ **다음에 다양한** to부정사**를 넣어봅시다.**

Would you like to **join us?**
to+동사원형

「우리랑 같이 할래?」하고 제안하는 표현입니다. join은 「합류하다」, 「끼다」라는 의미의 동사예요.
'Would you like to+동사원형?' 의 형태는 주로 어떤 일을 함께 하자고 제안하면서 상대의 의향
을 물어보는 말로 쓰입니다.

Would you like to **go for a drive?**	드라이브 갈래요?
Would you like to **go out with me sometime?**	언제 한번 나랑 데이트 할래요?
Would you like to **come for dinner?**	저녁 먹으러 올래요?
Would you like to **eat at McDonald's?**	맥도널즈에서 먹을래요?
_____ **another one?**	다른 걸로 입어[먹어]보실래요?

정답: *Would you like to try*

A: Would you like to come for dinner?
B: That sounds good. What will you cook?

A: I'm going to go for lunch with Frank.
   Would you like to join us?
B: Sure.

A: 저녁 먹으러 올래?
B: 좋지. 뭐 해줄 건데?

A: 프랭크하고 점심먹을 건데. 같이 갈래?
B: 좋아.

～하면 나 미워할 거냐고요???

Would you mind+~ing if절~?

상대의 양해를 구하는 표현으로는 Would you mind~?가 있는데, 「…해도 괜찮겠어요?」, 「…하면 안될까?」 정도의 의미를 담은 표현입니다. mind는 「꺼리다」, 「싫어하다」라는 부정적인 뜻을 담고 있어 대답을 할 때는 부정의문문에 대한 답처럼 해야 합니다. No나 Not at all이라고 하면 「싫지 않다」, 즉 「그렇게 하라」는 의미이고 Yes라고 대답한다면 「싫다」, 그러니 「하지 말라」는 의미가 되는 거죠. Do you mind~?라고 해도 됩니다.

응용
1

Would you mind~ 다음에 다양한 ~ing 형태를 넣어봅시다.

Would you mind <u>smoking here?</u>
~ing

「여기서 담배피우면 싫으세요?」, 즉 「여기서 담배피우면 안될까요?」라는 말이에요. Would[Do] you mind ~ing?의 형태로 상대의 양해를 구하는 표현이지요. 「…하는 것, 괜찮아요?」라는 의미가 됩니다.

Would you mind **giving me a hand?**	나 좀 도와주면 안될까?
Would you mind **not smoking here?**	여기서 담배 안 피우시면 안돼요?
Do you mind **picking me up tomorrow?**	내일 날 데리러 와주면 안될까?
Do you mind **explaining it to me?**	나한테 설명을 좀 해주면 안될까?
Would you mind _____?	전화번호를 말씀해 주시면 안될까요?

give+사람+a hand …를 도와주다   pick up …를 차로 마중나가다   정답: telling me your (phone) number

A: Would you mind giving me a hand?
B: Sorry, but I'm really busy at the moment.

A: Do you mind picking me up tomorrow?
B: It's no problem. I'll be there at 7 a.m.

A: 좀 도와주면 안될까?
B: 미안하지만 지금은 정말 바빠.

A: 내일 나 좀 데리러 와주면 안될까?
B: 문제없어. 아침 7시에 갈게.

Would you mind **if I smoke here?**

if절

「여기서 담배피우면 안될까요?」라고 양해를 구하는 표현으로, 의미는 응용 1의 표현과 같습니다.
다만 if절(if+주어+동사)를 이용해서 표현했을 뿐이지요.

Would you mind if I use your car this weekend?

이번 주말에 네 자동차를 쓰면 안될까?

Do you mind if I don't go?

내가 안가면 안될까요?

Do you mind if I take a look around?

한번 둘러봐도 괜찮을까요?

Do you mind if I turn the heat down?

(난방기구의) 온도를 낮추면 안될까요?

_____ **for a second?**

잠깐 여기 앉아도 괜찮을까요?

---

turn down (온도 · 소리 등을) 낮추다   for a second 잠시   정답: Would[Do] you mind if I sit here

A: Do you mind if I smoke?   A: 담배 피우면 안될까?
B: Not at all. Please feel free to.   B: 안되긴. 편안하게 피워.

A: Are you comfortable in this room, Miss Jocelyn? A: 조슬린 씨, 방은 편안하세요?
B: Do you mind if I turn the heat down?   B: 방 온도를 낮추면 안될까요?

난 할 수 있다구!

기본대표문형

I can + 동사원형

can은 '능력,' '가능'을 나타내는 대표적인 조동사로 「할 수 있다」는 의미입니다. 문맥에 따라서는 I can~이 「내가 상대방에게 …을 해주겠다」라고 제안하는 표현이 되기도 한답니다.

응용 I can~ 다음에 다양한 동사를 넣어봅시다.

1

I can do it
　　　　동사원형

「난 할 수 있어」라는 처절한 부르짖음(?)이죠. I can 다음에 동사원형이 와서 「할 수 있다」는 것을 나타내요. see나 hear 등의 지각동사가 오면 '능력'보다는 '가능'하다는 데 초점이 맞춰져 「보인다」, 「들린다」 등과 같이 해석되지요.

I can type this for you	이거 내가 타이핑해 줄게.
I can drop you off when I leave	내가 갈 때 널 태워다 줄게.
I can imagine	상상이 가네.
I can see that	그거 보여.
I can remember	기억하고 있어.
I can _____	혼자(내힘으로) 처리할 수 있어.

drop+사람+off (차 등을 타고 가다가) …를 내려주다, 데려다주다　handle 처리하다　정답: handle it by myself

A: Do you need help cleaning your kitchen?
B: No, I can handle it by myself.

A: Look, there's the Statue of Liberty.
B: Oh, I can see it.

A: 부엌 치우는 것 도와줄까?
B: 아니, 혼자 할 수 있어.

A: 야, 자유의 여신상이다.
B: 아, 나도 보여.

I can't~ 다음에 다양한 동사를 넣어봅시다.

I can't believe it
동사원형

「믿을 수가 없어」라는 말이죠. 앞의 'I can＋동사'의 부정형태인 'I can't＋동사'의 문형입니다. I can~과 I can't~은 정반대의 의미지만 발음구별이 쉽지 않아 애를 먹는데 저기 맨 아래에 있는 can과 can't의 청취구분법을 참고하도록 하세요.

I can't hear you very well	네 목소리가 잘 안들려.
I can't stop thinking about you	네 생각이 떠나질 않아.
I can't watch a movie without popcorn	난 팝콘 없는 영화 못봐.
I can't do this anymore	더 이상은 이렇게 못해.
I can't find my passport	내 여권이 안보여.
I can't _____	설명하지 못하겠어.

정답: explain it

이렇게 얘기 해봐요!

A: I can't watch a movie without popcorn.
B: Don't be so picky.

A: I can't do this anymore. It makes me crazy.
B: You should take a break.

A: 난 팝콘 없이는 영화를 못봐.
B: 너무 까다롭게 굴지 마.

A: 더 이상은 이렇게 못해. 이것 때문에 미치겠다구.
B: 잠깐 쉬어.

→ 영어회화 지식Box: can vs. can't

영어에서 /t/ 발음은 단어 끝에 올 때 그리 비중을 두어 발음하지 않습니다. 특히 point, accident 등과 같이 -nt로 끝나는 단어일 경우에는 /t/가 더욱 더 들릴락 말락, 흔적만 남거나 아예 발음이 안되는 경우가 허다하죠. 그래서 서로 정반대의 의미인 can과 can't를 소리로만 구분하기는 쉽지 않은데요, 그래도 구분 가능한 포인트는 있답니다. (앗! point는 '포 인' 처럼 들린댔죠?)

❶ can이 들어간 문장에서는 can 다음에 오는 동사가 강조되므로 can은 /큰/ 정도로 약하게 들리죠.
❷ can't의 경우에는 can't 자체를 힘주어 말하게 되어 /캐앤/ 하고 약간 끌듯이 발음됩니다.

※ 비교해보세요.
I can tell [아큰 테얼] / I can't tell [아 캐앤 테얼]

can으로 허락하노니…

You can + 동사원형

You can~ 은 「넌 …을 할 수 있어」라며 상대방의 기운을 복돋아주고 싶을 때, 「…해도 좋다」, 「해도 된다」라고 상대방에게 허가를 할 때, 혹은 「…을 해라」라는 소프트한 명령문으로도 쓰입니다. 문맥과 상황에 따라 잘 활용해 보도록 하세요.

 You can~ **다음에 다양한** 동사를 넣어봅시다.

1 You can do anything
동사원형

「넌 뭐든 할 수 있어」라는 격려의 표현이죠. 'You can+동사원형' 으로 당신의 '능력' 이 어떻다는 것 뿐 아니라 '허가' 및 '명령' 의 뉘앙스를 나타낼 수 있어요.

You can **run faster than me**	넌 나보다 빨리 달리잖아.
You can **go**	그만 가봐.
You can **come in**	들어와.
You can **call me Bill**	빌이라고 불러.
You can **board the plane now**	이제 승선해주십시오.
_____ **any time**	언제든 내게 전화해.

board (비행기, 배 등에) 타다, 승선하다   정답: You can call me

A: Do you need me to stay longer?
B: No, we're all finished. You can go.

A: You can board the plane now.
B: Good. I was getting tired of waiting.

A: 내가 좀더 있어야 하나요?
B: 아뇨, 우리 일은 다 끝났어요. 가도 좋아요.

A: 이제 비행기에 탑승해 주십시오.
B: 잘됐군요. 기다리는 데 지쳐가는 중이었어요.

You can't~ 다음에 다양한 동사를 넣어봅시다.

You can't **do this to me**

동사원형

「너 나한테 이럴 수는 없어」, 즉 「이러면 안돼」라는 의미입니다. 'You can't+동사원형' 은 '금지' 의 의미로 빈번하게 쓰이죠.

You can't **change your parents**	부모를 바꿀 수는 없잖아.
You can't **smoke in here**	이 안에서는 담배 피우면 안돼.
You can't **miss it**	놓칠래야 놓칠 수가 없어(길을 가르쳐 줄 때 쉽게 찾을 거라는 의미로).
You can't **talk to her**	걔한테 말하면 안돼.
_____	포기하지 마.

miss 놓치다 give up 포기하다

정답: You can't give up

A: We're letting you go from this job.
B: You can't do this to me. I'm a good employee.

A: Turn left and go straight for 2 blocks. You can't miss it.
B: Thank you so much.

A: 이 일에서 자네를 해고해야겠어.
B: 저한테 이러실 수는 없어요. 전 성실한 직원 이라구요.

A: 왼쪽으로 돌아서 두 블럭 곧장 가세요. 쉽게 찾을 거예요.
B: 정말 고맙습니다.

can으로 이런 것까지 해줘도 되냐구~

Can I[you]＋동사원형~?

Can I＋동사원형~?의 의문문은 대개 「(내가) …해줄까」하고 제안하거나 「(내가) …해도 괜찮을까?」라고 미리 상대방의 허가를 구할 때 사용합니다. 또한 Can you＋동사원형~? 은 「…해달라」고 상대방에게 부탁할 때 혹은 뭔가 제안을 하면서 상대방의 의향을 물어볼 때 쓰면 됩니다.

Can I~ 다음에 다양한 동사를 넣어봅시다.

Can I get you something?
동사원형

「내가 너한테 뭐 좀 갖다줄까?」 혹은 「사다줄까?」라는 표현입니다. 식당 등에서 종업원이 「뭘 드릴까요?」라는 의미로 쓰는 표현이기도 합니다. 「…해도 되는지」 혹은 「…해줄까」라는 의미의 'Can I＋동사~?'의 다양한 문장을 살펴보도록 하세요.

Can I **pay by credit card?**	신용카드로 계산해도 돼요?
Can I **try this on?**	이거 입어봐도 돼요?
Can I **give you a ride?**	태워다줄까?
Can I **talk to you for a second?**	잠깐 얘기 좀 할 수 있을까?
Can I **borrow your cell phone?**	핸드폰 좀 빌려줄래?
Can I ＿＿＿＿＿＿＿＿?	뭐 하나 물어봐도 될까?

try on (옷 등을) 입어보다, 신어보다 | give+사람+a ride …를 태워주다   정답: ask you a question

A: Can I get you something?
B: I'd like to look at one of your menus.

A: Can I talk to you for a second?
B: OK. What's on your mind?

A: 뭐 좀 갖다드릴까요?
B: 메뉴 좀 보고요.

A: 잠깐 얘기 좀 할 수 있을까?
B: 그럼. 무슨 얘긴데?

응용
2

Can I~ 다음에 다양한 have＋명사를 넣어봅시다.

Can I have your phone number?
동사원형　　　　　　　　　명사

직역하면 「내가 네 전화번호를 가져도 될까?」, 즉 「전화번호 좀 알려줄래?」라는 요청의 표현이죠.
'Can I＋동사원형?'의 대표적인 표현 중의 하나인 'Can I have＋명사?'의 형태로 해당 명사를
「달라고」 상대방에게 부탁하는 표현입니다. 좀 정중하게 보이려면 끝에 please를 붙이면 되죠.

Can I **have a refund for this?**	이거 환불해 주시겠어요?
Can I **have a subway map?**	지하철 노선표 좀 보여 줄래요?
Can I **have a bill**, please?	계산서 좀 갖다 주시겠어요?
_____?	휴지 좀 줄래?

refund 환불, 환불하다 **bill** 청구서, 계산서　　　　　　　　정답: Can I have a tissue?

A: Can I get a refund for this?
B: Sure. Do you have a receipt?

A: Why are you crying?
B: Oh, it's nothing. Can I have a tissue?

A: 이거 환불해 주시겠어요?
B: 네. 영수증 있으세요?

A: 왜 울고 있는 거야?
B: 응, 아무것도 아냐. 휴지 좀 줄래?

응용
3

Can you~ 다음에 다양한 동사를 넣어봅시다..

Can you get me some water, please?
동사원형

「물 좀 갖다줄래요?」라는 표현이죠. 이렇게 Can you＋동사원형~?의 형태로 상대에게 부탁하는
문장을 만들 수 있어요. 좀더 정중하게 하려면 끝에 please를 붙이거나 Could you ~?, Would
you ~?를 이용하면 돼요.

Can you **pass me the TV guide?**	TV가이드 좀 건네줄래?
Can you **come to my party on Friday?**	금요일에 내가 여는 파티에 와줄래?
Can you **join us?**	우리랑 같이 할래?
Can you _____?	일요일에 만날래?

pass 건네주다 **join** 합류하다, 끼다　　　　　　　　정답: meet me on Sunday

A: Would you like something to drink?
B: Can you get me some water, please?

A: What's on TV tonight?
B: I don't know. Can you pass me the TV guide?

A: 뭐 좀 드시겠어요?
B: 물 좀 갖다주실래요?

A: 오늘 밤 TV에서 뭐해?
B: 몰라. TV 가이드 좀 건네줄래?

윤허해주시옵소서~

May I + 동사원형~?

보통 상대방의 허가를 구할 때는 Can I~?를 쓰는데요, 선생님이나 직장상사 등 손윗사람·낯선 사람에게 깍듯하게 예의를 차리고 싶을 땐 May I~?를 써요. 대답은 Yes, you "can"이나 I'm sorry you "can't"가 일반적이죠. 보통은 조동사를 그대로 받아서 대답을 하지만, 이 경우에는 Yes, you may나 No, you may not이라고 하지 않습니다. 너무 옛스럽고 딱딱한 느낌을 주거든요.

 응용 1

May I~ 다음에 다양한 동사를 넣어봅시다.

May I **help you?**
동사원형

그 유명한 「도와드릴까요?」라는 표현이죠. May I 뒤에 「동사원형」을 넣어 「…해도 되겠습니까?」라는 의미의 깍듯한 표현을 만들어보세요. 또한, Can I have~?가 「…를 주실래요?」라는 요청의 표현이듯, May I have~?로 좀더 정중한 요청을 할 수 있죠.

May I **come in?**	들어가도 되겠습니까?
May I **ask you a question?**	한가지 여쭤봐도 될까요?
May I **have your name again?**	성함을 다시 말씀해 주시겠어요?
May I **have your attention, please?**	주목해 주시겠습니까? (연설 시작 전에)
_____ **your boarding pass?**	탑승권을 보여 주시겠습니까?

attention 주의, 관심 | boarding pass (비행기의) 탑승권   정답: May I see

 이렇게 얘기 해봐요!

A: May I ask you a question?
B: Sure. What would you like to ask me?

A: Hello. I would like to speak to the head of your department.
B: May I ask who is calling?

A: 질문 하나 해도 될까요?
B: 그럼요. 뭘 물어보고 싶은데요?

A: 여보세요. 당신 부서 책임자와 통화하고 싶은데요.
B: 누구신지요?

116

응용 2

may를 사용한 평서문으로 추측하는 문장을 만들어 봅시다.

She may be right

동사원형

「걔가〔걔 말이〕 맞을 지도 몰라」라는 의미입니다. 의문문이 아닌 평서문에서 조동사 may는 「…일지도 몰라」하고, 자신없는 추측성 얘기라는 것을 나타낼 때 쓰여요.

It may rain tomorrow	내일은 비가 올지도 모르겠어.
It may be in your bag	그건 네 가방 안에 있을지도 몰라.
I may have to move to Paris for my job	일 때문에 파리로 이사가야 할지도 몰라.
_____ here first	걔가 여기 제일 먼저 올지도 몰라.

정답: He may come

이렇게 얘기 해봐요!

A: Have you seen my car keys?
B: No. They may be in your bag.

A: Susan said that I should take the job offer.
B: She may be right.

A: 내 자동차 열쇠 못봤어?
B: 아니. 네 가방 속에 있을지도 몰라.

A: 수전 말로는 내가 이 일자리 제의를 받아 들여야 한대.
B: 걔 말이 맞을지도 몰라.

꼭 그렇게 하고야 말겠어

주어+will+동사원형

will은 '미래'를 나타내는 조동사이지만, 동시에 '주어의 의지'를 내비치는 경우가 많아요. 특히 I will~이라는 표현을 썼다면 99.9% 「그렇게 하겠다」는 의지의 표출이죠. 하지만 You will~의 경우에는 주어의 의지라기 보다는 단순히 「너 이렇게 될걸」이라는, 앞날에 대한 언급에 지나지 않습니다.

응용 1 · I will~ 다음에 다양한 동사를 넣어봅시다.

I'll call you later
동사원형

「내가 나중에(later) 전화할게」라는 말입니다. I will은 곧잘 축약되어 I'll로 나타내죠. 조동사인 will 다음에는 '동사원형' 이 와서 「내가 (꼭) …할게」라는 의미를 나타내요.

I'll take this one	이걸로 할게요. (물건을 살 때)
I'll have the soup	전 스프를 먹을게요. (음식을 주문할 때)
I'll do my best	최선을 다할게요.
I'll show you around the city	이 도시 관광을 시켜드릴게요.
_____	그럼 4시에 보자구.

show+사람+around+장소 …에게 ~을 이곳저곳 구경시켜주다   정답: I'll see you at 4 (o'clock)

A: I want you to study very hard in school.
B: OK. I'll do my best.

A: Let's go out. I'll show you around the city.
B: That sounds like fun.

A: 네가 학교에서 아주 열심히 공부했으면 해.
B: 알겠어요. 최선을 다할게요.

A: 나가자. 이 도시를 구경시켜줄게.
B: 재미있겠는걸.

응용 2 You will~ 다음에 다양한 동사를 넣어봅시다.

You'll **be surprised**

동사원형

「너 놀랄걸」이라는 말이죠. You will 다음에 '동사원형' 이 와서 「너 …하게 될 걸」이라고 미래의 일을 예측하는 표현이에요.

You'll **see**	두고봐(알게 될거야).
You'll **be fine**	괜찮아질거야.
You'll **have to pay for them by Jan. 11th**	1월 11일까지 지불해야 할걸.
You'll **be in trouble if it rains**	비가 오면 난처해질텐데.

have to + V …해야만 하다 pay for …에 대한 값을 지불하다 be in trouble 곤경에 처하다

A: We can finish before the deadline. You'll see.
B: I hope so.

A: We decided to hold the festival outside.
B: You'll be in trouble if it rains.

A: 마감 전에 끝낼 수 있을 거야. 두고 보라구.
B: 나도 그러길 바래.

A: 축제는 야외에서 열기로 했어요.
B: 비가 내리면 곤란해질텐데.

응용 3 I won't(=will not)~ 다음에 다양한 동사를 넣어봅시다.

I won't **tell anyone**

동사원형

「아무에게도 말하지 않을게」라는 말이죠. won't는 will not을 줄여서 표시한 거예요. 물론 강조하려면 will not 그대로 쓰거나 will never를 사용합니다. won't의 발음이 [wount] 라는 거, 다시 한번 주의해야 되겠죠?

I won't **let it happen again**	다시는 그런 일 없도록 할게.
You'll never **believe it**	이 얘기 못믿을 거야.
It won't **be easy**	쉽지 않을 거야.
_____ **to go with me**	걘 나랑 같이 가고 싶어하지 않을 거야.

happen (사건 등이) 일어나다.

정답: She[He] won't want

A: Please keep my illness a secret.
B: I promise I will. I won't tell anyone.

A: Do you think I can buy a house?
B: It won't be easy. You don't have much money.

A: 내 병은 비밀로 해줘.
B: 약속해. 아무에게도 말하지 않을게.

A: 내가 집을 살 수 있을 거라고 생각해?
B: 쉽진 않을 거야. 돈이 별로 없잖아.

Will로 의향 물어보기

Will+주어+동사원형~?

Will you~?로 시작하는 의문문은 보통 「…해줄래요?」라는 부탁의 의미예요. 좀더 예의바르게 보이고 싶으면 앞서 나왔던 Would you~?나 Could you~?를 써서 물어봅니다. 주어가 you가 아닌 무생물이라면 앞으로 「…하게 될 것인지」를 물어보는 것이죠.

응용 **1** Will you~ 다음에 다양한 동사를 넣어봅시다.

Will you marry me?
　　　주어　　　동사원형

「나하고 결혼해줄래?」라는 전형적인 청혼의 표현이죠. 'Will you+동사원형~?' 의 형태로 부탁을 하거나 혹은 상대의 특정 행동을 촉구해볼 수 있습니다.

Will you **help me?**	나 좀 도와줄래?
Will you **dance with me?**	나랑 춤출래?
Will you **pay for this by cash or by check?**	현금으로 지불하시겠습니까, 수표로 하시겠습니까?
_____ **with me?**	나랑 같이 갈래?

by cash 현금으로 | **check** 수표

정답: Will you go

이렇게 얘기해봐요!

A: Can I have the bill for this?
B: Will you pay for this by cash or by check?

A: 청구서를 주시겠어요?
B: 현금으로 계산하시겠습니까, 수표로 하시겠습니까?

A: I heard that you have to meet our manager.
B: That's true. Will you go with me?

A: 저희 관리책임자를 만나야겠다고 하셨다면서요.
B: 맞아요. 같이 가주실래요?

Will + 무생물 주어~ 다음에 다양한 동사를 넣어봅시다.

Will that be all?
주어   동사원형

「그게 전부입니까?」라는 표현입니다. 상점 등에서 물건을 사거나 주문을 하면 점원들이 흔히 이렇게 말하죠. 'Will + 사물주어 + 동사원형~?'의 형태는 이처럼 앞으로 「…하게 될는지」를 물어보는 표현이 됩니다.

Will the flight **be delayed?**   비행기가 연착될까요?

Will casual clothes **be okay for the party?** 그 파티엔 편안한 복장이 괜찮을까요?

_____ **by tomorrow?** 그건 내일까지 준비될까요?

---

be delayed 늦어지다, 연기되다.   정답: Will it be ready

A: It's snowing pretty hard tonight.

B: Yeah. Will the flight be delayed?

A: I'm sorry, sir. Your computer isn't ready.
We need to check it carefully.

B: Will it be ready by tomorrow?

A: 오늘 밤에 눈이 펑펑 올 거야.

B: 그렇구나. 비행기가 연착될까?

A: 죄송합니다, 손님. 컴퓨터가 준비가 안되었는데요. 꼼꼼히 검사해봐야 하거든요.

B: 내일까지는 준비 되나요?

Shall로 물어보면 적극적인 제안의 표현

Shall+주어+동사원형~?

영화 *Shall we dance?* 덕분에 낯설지 않은 Shall we~?의 문형은 「우리 …할까요?」라고 하는 적극적인 제안의 말이에요. Shall we?라고만 해도 다른 사람의 제안, 혹은 조금 전에 자신이 한 제안을 가리켜 「이제 시작할까요?」라고 묻는 말이 되지요. 반면 Shall I~?는 「내가 …해드릴까요?」라는 뜻의 문형입니다.

응용 1

Shall we~ **다음에 다양한** 동사를 넣어봅시다.

Shall we dance?
　　　　　주어　　　동사원형

「우리 춤출까요?」라는 말이죠. 'Shall we+동사원형?'의 형태로 「우리 …할까요?」, 「우리 …합시다」(=Let's ~)라는 제안을 할 수 있어요.

Shall we?	이제 할까요?
Shall we go to the movies after work?	퇴근후에 영화보러 갈래요?
Shall we go for a walk?	좀 걸을까요?
Shall we go out for lunch?	점심먹으러 나갈까요?
_____ something?	뭐 좀 먹을까요?

go for a walk 산책하다

정답: Shall we eat

A: Would you like to go out tonight?
B: Sure. Shall we go to the movies after work?

A: I'm bored. Shall we go for a walk?
B: Yes. It will be good exercise.

A: 오늘 밤에 데이트할래?
B: 좋아. 퇴근 후에 영화보러 갈까?

A: 따분해. 우리 산책할까?
B: 그래. 운동이 좀 되겠지.

Shall I~ 다음에 다양한 동사를 넣어봅시다.

Shall I give you a hand?
주어   동사원형

「제가 도와드릴까요?」라는 말이에요. 'Shall I +동사원형?' 의 형태로 물어보면 「내가 …해드릴까
요?」라는 적극적인 제안의 표시랍니다.

Shall I give you a hand?	제가 도와드릴까요?
Shall I get you a cold drink?	찬 음료를 갖다드릴까요?
Shall I take you to your place?	집까지 바래다 드릴까요?
_____ for you?	택시를 불러줄까요?

give+사람+a hand …에게 손을 주다, 즉 도와주다 | your place 당신의 집   정답: Shall I call a taxi.

A: Wow, it's really late right now.   A: 어휴, 이제 정말 늦었네요.
B: Shall I take you to your place?   B: 집까지 바래다줄까요?

A: It's hot today. Shall I get you a cold drink?   A: 오늘은 덥군요. 찬 음료를 갖다줄까요?
B: Yes, I'd really like that.   B: 응, 정말 마시고 싶네요.

→ 영어회화 지식Box: Shall we~?, Shall I~?의 대답은?

Shall we dance?라고 물었을 때 대답은 어떻게 할까요? 네? 그냥 미소 지으며 손을 내밀든가 고개를 돌려버리면 되지,
말대답(?)이 왜 필요하냐고요?^^; 물론 대부분의 상황에서 바디 랭귀지는 말없이도 확실한 의사표현을 가능하게 해주지
만, 이미 Shall we~?의 말대답은 어떻게 하는지 궁금해진 분이 생겼을 것 같으니 간단하게 짚고 넘어가도록 하죠.

앞에서 Shall we~?는 Let's~와도 일맥상통하는 표현이라고 했잖아요. 그래서 Shall we dance?라고 물었을 때의 대
답은 Yes, let's(좋아요, 합시다) 혹은 No, let's not(아뇨, 하지 맙시다)라고 하면 됩니다.

또한 Shall I~?는 「…해드릴까요?」라고 제안하는 질문이니 Sure(물론이죠) 혹은 No, that's okay(아뇨, 괜찮아요) 등
으로 대답하면 되지요.

ex 1. Shall we dance?	→	Yes, let's ┃ No, let's not
우리 춤출까요? →		좋아요, 그러죠. ┃ 아뇨, 안출래요.

ex 2. Shall I bring some sandwiches?	→	That would be great / Sure / Good idea ┃
		No, that's okay / Don't worry about it
제가 샌드위치 갖다드릴까요? →		그거 좋죠. / 네. / 좋은 생각이에요.
		아뇨, 괜찮아요. / 걱정하지 마세요.

'~해야지'하고 타이를 땐 should를

기본 패턴형

You should+동사원형

should는 「해야 한다」라는 의미의 '의무'를 나타내는 조동사입니다. 그래서 You should ~의 형태로 「…해야지」라며 상대에게 충고·조언을 하거나 따끔하게 타이를 수 있지요. 반대로 남에게 조언을 구하려면 Should I ~?를 이용하면 돼요.

응용 **1** You should~ 다음에 다양한 동사를 넣어봅시다.

You should do that
동사원형

「당연히 그렇게 해야지」라는 말이죠. 'You should+동사원형'의 형태로 「…해야지」라는 의미를 나타낼 수 있답니다. 반대로 「…하면 안되지」라고 하려면 'You shouldn't+동사원형'의 문형을 사용하지요.

You should **rest**	너 좀 쉬어야겠다.
You should **talk to her**	개하고 얘길 해봐.
You should **ask her out**	개한테 데이트 신청을 해봐.
You should **know something about her**	넌 개에 대해서 좀 알아야 할 게 있어.
You shouldn't **lie anymore**	더이상 거짓말 하면 안돼.
	걜 도와줘야지.

rest 쉬다   ask+사람+out …에게 데이트 신청을 하다   정답: You should help her[him]

A: I think that girl is very cute.
B: You should ask her out. She'll probably say yes.

A: You should know something about her.
B: What are you talking about?

A: 저 여자애 되게 귀여운 것 같아.
B: 데이트 신청을 하라구. 아마 좋다고 할거야.

A: 그 여자에 대해서 좀 알아야 할 게 있어.
B: 그게 무슨 소리야?

응용

Should I~ 다음에 다양한 동사를 넣어봅시다.

Should I go there alone?
주어 동사원형

「거기 혼자 가야 하나?」라는 의미죠. 'Should I + 동사원형?'은 「내가 …을 해야 하는지」 남에게
조언을 구하는 말이에요.

Should I **take a taxi?**	택시를 타야 하나?
Should I **call him back?**	걔한테 다시 전화해줘야 하나?
Should I **take the northern route?**	북쪽 도로를 타야 하나요?
_____ **seeing Carla?**	칼라를 그만 만나야 하나?

call+사람+back …에게 답신 전화를 해주다 | route 길, 도로　　　　　　정답: Should I stop

A: I want to go downtown. Should I take a taxi?
B: No. It's easier to use the subway.

A: A new bar opened in your neighborhood.
B: I'd like to go there. Should I go there alone?

A: 시내로 가고 싶어. 택시를 타야 하나?
B: 아니. 전철을 타는 게 더 쉬워.

A: 너희 동네에 바가 새로 생겼어.
B: 나 거기 가고 싶어. 혼자 가야 하나?

→ 영어회화 지식Box: '의무'를 나타내는 조동사들

「…해야 한다」는 '의무'의 조동사로는 should말고도 must, ought to, have to 등이 있죠. 얼마나 '반드시' 해야 하는
지 강제성의 강도는 다음과 같습니다.

must > have to [have got to] > should > ought to

must는 그야말로 「꼭, 반드시, 기필코 …해야 한다」는 의미의 조동사로, must가 들어간 문장은 매우 formal한 느낌을
줍니다. must 정도로 강하게 의무임을 나타내고 싶을 때 보통은 have to를 쓰는 것이 일반적이지요. 구어에서는 have
to 대신에 have got to, 혹은 got to를 쓰기도 합니다. should와 ought to는 must나 have to보다는 가벼운 뉘앙스로
「당연히 …해야지」, 「…하는 게 좋지 않겠니」라는 정도의 느낌을 줍니다.

have to도 '〜해야한다'는 뜻

기본패턴형
I have to + 동사원형

have to는 엄밀히 따지자면 조동사는 아니지만 앞의 should와 비교하여 알아두고 넘어가도록 해요. 'have to + 동사원형'은 구어에서 「…해야 한다」는 의미로 가볍게 말할 때 널리 쓰이는 일반적인 표현입니다. 구어에서는 'have got to + 동사원형,' 혹은 'got to + 동사원형'의 형태로 쓰기도 하죠.

 응용 **1** | I have to~ 다음에 다양한 동사를 넣어봅시다.

I have to **go now**
동사원형

「나 이제 가봐야 해」라는 말이죠. 주어를 I로 한 'I have to + 동사원형'의 형태는 「나 …해야 돼」라는 의미예요.

I have to **study for my exams**	시험공부 해야 돼.
I have to **work late tonight**	오늘 밤에 늦게까지 일해야 돼.
I have to **go to China on business**	일 때문에 중국에 가야 해.
I have to **tell you**	너한테 말해야겠어.
_____	생각해봐야겠어.

exam 시험(＝*examination*)　**on business** 사업차, 일 때문에

정답 : I have to think about it

 이렇게 얘기 해봐요!

A: I have to go now. See you later.
B: Thanks for visiting our house.

A: I'm having a party tonight. Can you come?
B: I'm sorry, I can't. I have to study for my exams.

A: 이제 가봐야겠어요. 나중에 봐요.
B: 저희 집에 와주셔서 감사합니다.

A: 오늘 밤 파티 할건데. 올래?
B: 미안하지만 못가. 시험공부 해야 해.

We, He, She 등 다양한 주어 뒤에 have to + 동사를 넣어봅시다.

We have to help her
동사원형

「우린 걔를 도와줘야 해」라는 말이죠. I 말고도 we나 he, she 등의 주어 뒤에도 have to를 쓸 수 있어요. 단, he나 she는 3인칭 단수주어이니 has to를 써야겠죠?

We have to **do this**	우린 이 일을 해야 돼.
We have to **get started**	우리 이제 시작해야 돼.
She has to **try harder**	걘 좀더 열심히 노력해야 돼.
_____ **how I feel**	걘 내가 어떤 기분인지 알아야 돼.

get started 시작하다, 착수하다   정답: She[He] has to know

A: Are you ready? We have to get started.
B: Just give me a few more minutes.

A: Honestly, your son has to try harder.
B: What should I do as a parent?

A: 준비됐어? 이제 시작해야 돼.
B: 몇분만 더 시간을 줘.

A: 솔직히 말씀드려서 아드님은 좀더 열심히 해야 해요.
B: 부모로서 제가 어떻게 해야 하나요?

 Do I have to~ 다음에 다양한 동사를 넣어봅시다.

Do I have to keep it?
조동사   동사원형

「내가 그걸 갖고 있어야 하는 거야?」라는 말이에요. 「내가 …해야 하는 건지」 물어보려면 'I have to + 동사원형'을 의문문으로 만들어 주어야 하죠. 즉, 조동사를 앞으로 빼서 'Do I have to + 동사원형?'의 형태를 만들어 주는 거예요. 혹은 앞서 말한 사실을 굳이 또 언급해줄 필요없이 Do I have to?만으로 「꼭 해야 돼?」라고 물어볼 수 있죠.

Do I have to **tell him right now?**	지금 당장 걔한테 얘기해야 돼?
Do I have to **sign anything?**	뭔가에 서명이라도 해야 하나요?
Do I _____?	나 가야 하는 거야?

sign 서명하다   정답: have to go

A: Your grandmother gave you this shirt.
B: Do I have to keep it? I don't like the color.

A: Tell John that he's been fired.
B: Do I have to tell him right now?

A: 할머니가 너한테 이 셔츠를 사주셨어.
B: 이거 꼭 가져야해요? 색이 맘에 들지 않는데요.

A: 존에게 해고됐다고 말해.
B: 지금 말해야 하나요?

'네'가 해야 할 일은 You have to~로

You have to+동사원형

주어를 You로 하여 'You have to+동사원형'의 형태로 말하면 「너 …해야지」, 「…해야하지 않겠니」하면서 상대방에게 충고하거나 일깨워주는 말이 돼요. 「꼭 …하지는 않아도돼」, 또는 「…할 것까진 없잖아」라는 의미의 'You don't have to+동사원형'의 형태 역시일상생활에서 빈번하게 쓰이는 문형이죠.

응용 1 You have to~ 다음에 다양한 동사를 넣어봅시다.

You have to do something
동사원형

「너 뭔가 해야지」라고 하면서 뭔가 행동을 취할 것을 촉구하는 말입니다. 'You have to+동사원형'의 형태로 「너 …해야 하잖아」 혹은 「…해야지」라는 의미를 나타냅니다.

You have to **go**	너 이제 가봐야지.
You have to **stop smoking**	담배를 끊어야 해.
You have to **study a foreign language**	외국어를 공부해야 해.
_____ **a lot of things about life**	넌 인생에 대해서 많은 것들을 알아야만 해.

stop smoking 담배를 그만 피우다, 담배를 끊다   정답: You have to know

A: The water heater in my apartment is broken.
B: You have to do something. It needs to be fixed.

A: You have to stop smoking.
B: I know, but it's very difficult.

A: 우리집 온수기가 고장났어.
B: 어떻게 좀 해봐. 고쳐야 하잖아.

A: 넌 담배를 끊어야 돼.
B: 알아, 하지만 그게 굉장히 힘드네.

You don't have to~ 다음에 다양한 동사를 넣어봅시다.

You don't have to do it
　　　　　조동사　　　　　　　　　　동사원형

「그렇게 할 필요는 없어」라는 말이에요. 'You don't have to + 동사원형'의 부정문 형태로 「네가 …할 필요는 없지」, 「…하지는 않아도 돼」라는 의미입니다. 때에 따라 「…할 것까진 없잖아」하고 항 의하는 표현도 되죠.

> You don't have to **walk me home**　　집까지 바래다줄 것까진 없는데.
> You don't have to **give me an answer right now**
> 　　　　　　　　　　　　　　　　　　　지금 당장 대답해야만 하는 건 아냐.
> _____ **you're sorry**　미안하다고 말할 필요는 없어.

walk + 사람 + home …를 집까지 걸어서 바래다주다　　　　　　정답: You don't have to say

A: I'll go with you to your house.
B: You don't have to walk me home. I'll be okay.

A: Thank you for the job offer.
B: Consider it. You don't have to give me
an answer right now.

A: 너희 집까지 같이 가줄게.
B: 집까지 바래다줄 것까진 없어. 괜찮아.

A: 일자리 제의를 주셔서 감사해요.
B: 생각해봐요. 당장 대답해야 하는 건
아니니까요.

Do you have to~ 다음에 다양한 동사를 넣어봅시다.

Do you have to work tonight?
　　　　　조동사　　　　　　　　　　동사원형

「오늘 밤에 일해야 해?」라는 의미입니다. 「너 …해야 하니?」하고 물어볼 때는 'Do you have to + 동사원형?'의 형태를 이용해요.

> Do you have to **attend the meeting?**　　그 회의에 참석해야 해?
> _____ **anything special at work?**
> 　　　　　　　　　　　　　　　　　뭐 특별히 해야 할 업무라도 있어?

정답: Do you have to do

A: Do you have to work tonight?
B: Yes, I'm sorry I can't go out to dinner with you.

A: Do you have to do anything special at work?
B: No, nothing special right now.

A: 오늘 밤에 일해야 해?
B: 응, 같이 저녁 먹으러 못가서 미안해.

A: 회사에서 뭐 특별히 해야 할 일이라도
있어?
B: 아니, 지금은 없어.

09

Have와 Get만 알아도
영어회화 반은 성공

have & get

have와 get은 일단 기본적인 쓰임새만 해도
한두가지가 아니죠. 그렇다보니 기본동사라고는 해도
제대로 활용할 줄 아는 분이 거의 없답니다.
이번 기회에 자주 쓰이는 쓰임새를 확실하게
연습해뒀다가 요리조리 활용해보자구요.

have는 '갖고 있다'는 의미

I have+명사

have의 쓰임새는 너무너무 다양하지만, 크게 '조동사' 로서의 쓰임새와 '일반동사' 로서의 쓰임새로 구분할 수 있죠. 조동사로서의 have는 Chapter 15(p.259)에서 알아보기로 하구요, 여기서는 일반동사로서의 have의 쓰임새를 살펴보기로 해요. 일반동사로서의 have는 「갖고 있다」는 의미인데, 이는 반드시 물건에만 해당되는 것이 아닙니다. 생각이나 골치아픈 문제 등 추상명사가 have의 목적어로 오기도 하고(응용 2), 질병의 이름이 와서 「병이 있다」는 의미(응용 4)가 되는 등 그 활용범위가 무궁무진합니다.

응용 **1**

I have 다음에 물건이나 사람 등, 형체가 있는 명사를 넣어봅시다.

I have **a cell phone**
형체가 있는 명사

「나 핸드폰 있어」라는 의미입니다. 우리말로 「나 그거 갖고 있어」라고 할만한 명사들, 즉 '형체가 있는 명사' 를 I have 뒤에 넣어 「…를 가지고 있다」, 「…가 있다」라는 의미를 만들어 봅시다.

I have **a car**	나 차를 갖고 있어.
I have **a ticket**	나한테 티켓이 한 장 있어.
I have **a pet**	애완동물을 길러.
I have **friends**	내겐 친구들이 있지.
I _____	나 2만원 있어.

pet 애완동물.

정답: have 20,000 won(twenty-thousand won)

이렇게 얘기 해봐요!

A: How will you get to the airport?
B: I have a car. I can drive there.

A: How about a movie? I have an extra ticket.
B: Sure, that would be fun.

A: 공항까지 어떻게 갈 거야?
B: 차가 있어. 거기까지 운전해서 가야지.

A: 영화보는 거 어때? 남는 표가 한 장 있는데.
B: 좋지, 재미있겠다.

응용 2

I have 다음에 형체가 없는 명사를 넣어봅시다.

I have **a problem**
형체가 없는 명사

「문제가 있어」라는 의미의 표현이에요. problem, idea 등 생각이나 개념에 불과한 '형체 없는 명사' 들도 I have의 목적어 자리에 올 수 있지요.

I have **a good idea**	나한테 좋은 생각이 있어.
I have **a date tonight**	오늘 저녁에 데이트가 있어.
I have **a job interview next week**	다음 주에 면접이 있어.
I _____	나한테 계획이 있어.

job interview 취업 면접 · 정답: have a plan

A: What are your plans for tonight?　　　　A: 오늘밤 뭐해?
B: I have a date. We're going out for dinner.　B: 데이트가 있어. 나가서 저녁먹을 거야.

A: I have a job interview next week.　　　A: 다음 주에 면접이 있어.
B: What company are you interviewing with?　B: 면접볼 회사가 어딘데?

응용 3

I have 다음에 no + 명사를 넣어봅시다.

I have no **idea**
명사

「생각이 없다」, 즉 「몰라」라는 의미입니다. I have not any idea라고 하기보다는 I have no idea 라고 하는 편이 좀더 일반적이지요. I have no 다음에 여러가지 명사를 넣어 「나 …가 없어」라는 의미의 문장을 만들어볼까요?

I have no **choice**	선택의 여지가 없어.
I have no **friends**	친구가 없어.
I have nothing **to say**	할 말이 없구나(얘기 안할래).
I _____	난 사촌이 없는데.

· 정답: have no cousins

A: So, you can't come? But you promised.　A: 그래서, 못온다는 거야? 약속했잖아.
B: I'm so sorry, but I have no choice.　　B: 정말 미안해. 방법이 없어.

A: You can tell me her secret, right?　　A: 걔 비밀 나한테 말해줄 수 있지, 그렇지?
B: No. I have nothing to say about that.　B: 몰라. 거기에 대해선 아무 할 말이 없어.

I have 다음에 질병을 나타내는 명사를 넣어봅시다.

4 I have **a headache**
질병을 나타내는 명사

「나 두통이 있어」, 「머리 아파」라는 뜻이에요. headache는 「두통」을 나타내는 명사구요. 이렇게 I have 다음에는 '질병을 나타내는 명사'가 와서 몸 어디어디가 「아프다」는 말을 할 수도 있어요.

I have **a cold**	나 감기걸렸어.
I have **a fever**	열이 있어.
I have **a sore throat**	목이 따끔따끔해.
_____	이가 아파[치통이 있어].

sore throat 목구멍(throat)이 따끔거리는 것   정답: I have a toothache

A: Can you help me? I have a cold.
B: Sure. I've got some medicine.

A: You look kind of sick today.
B: I feel terrible. I have a sore throat.

A: 나 좀 도와줄래? 감기에 걸렸어.
B: 그럼. 내가 약을 좀 갖고 있어.

A: 너 오늘 좀 아파보이는구나.
B: 아주 안좋아. 목이 따끔거려.

→ 영어회화 지식Box: 질병을 나타내는 다양한 표현들

아플 때 어디가 아프다고 말 못하는 것처럼 속상한 일도 없잖아요. 그런데 사실 영어공부를 할 때 '내 몸 어디어디가 아프다'는 표현들을 배울 기회란 흔치 않아서, 감기나 기침 같은 간단한 표현들도 어렵게 느껴지기 일쑤입니다. 위에서 다룬 것 외에도 알아두면 좋을 여러가지 「아프다」는 표현들을 살펴보기로 할까요?

I have a flu	독감에 걸렸어요.
I can't stop coughing	기침이 멈추지 않아요.
I have a runny nose	콧물이 나요.
I have a stomachache	배가 아파요.
I have a backache	허리가 아파요.
My eyes hurt	눈이 아파요.
I have allergies	알레르기가 있어요.
I have diarrhea	설사를 해요.

응용 5

have 동사 다음에 음식 명사를 넣어봅시다.

I usually have lunch at noon
음식을 나타내는 명사

「난 보통(usually) 정오에 점심을 먹어」라는 의미죠. have 뒤에 '음식을 나타내는 명사' 가 와서 「먹다」라는 의미로 쓰인 경우입니다.

I had **steak for dinner**	난 저녁으로 스테이크 먹었어.
I'll have **a beer**	난 맥주 마실래요. (음식주문시)
_____ **with her yesterday**	나 어제 걔하고 저녁 먹었어.

정답: I had dinner

A: Did you eat yet?
B: Yes I did. I had steak for dinner.

A: What would you like to order?
B: I'll have a beer.

A: 밥 먹었어?
B: 응. 저녁으로 스테이크 먹었어.

A: 무엇을 주문하시겠습니까?
B: 맥주로 할래요.

응용 6

have+명사로 다양한 동작을 나타내는 경우를 알아봅시다.

I'd like to have a rest
그밖의 다양한 명사

「나 쉬고 싶어」라는 의미죠. 이와 같이, have 다음에는 다양한 명사가 와서 「동작」을 나타내는 경우도 있습니다.

I had **a bath**	나 목욕했어.
He's having **a good time**	걘 즐거운 시간을 보내고 있지.
They had **a big fight**	걔네들, 크게 싸웠어.

A: Where's your husband?
B: In the bar. He's having a good time
   with his friends.

A: Why is Sally angry at Harry?
B: They had a big fight last night.

A: 네 남편은 어디 갔어?
B: 바에 있어. 친구들하고 즐거운 시간을 보내고 있지.

A: 샐리는 왜 해리한테 화가 난 거야?
B: 어젯밤에 대판 싸웠어.

남이 해준 일, 남에게 해준 일도 have로

기본뼈대문형

I have+명사+과거분사 | ~ing | 동사원형

상당히 영어적인 표현이라 해석도 잘 안되고 그러다보니 직접 써보는 건 매우 요원한 일처럼 보이는 어려운 문형입니다. 먼저 have+명사+과거분사의 경우는 내가 주도적으로 시켰건 내가 본의 아니게 당했건 「누군가가 명사를 과거분사했다」는 이야기이고요, have+명사+동사원형/~ing의 문형은 '사역'의 개념으로 명사가 「…하도록 시키거나」, 「명사를 ~ing 하게 만들다」라는 의미예요.

응용 1 have **다음에** 명사+과거분사**의 형태를 만들어 봅시다.**

I had my hair cut

목적어가 되는 명사   동사의 과거분사형

「나는 (남을 시켜서) 머리를 잘랐다」는 얘기네요. 나는 명사(my hair)를 가지고 있는데, 그 명사는 누군지는 모르지만 남이 그렇게 해줘서 과거분사의 상태(cut)가 되었다'는 말이 되겠죠. 이 문장에서의 cut은 모습은 동사원형과 똑같지만 과거분사로 쓰인 것입니다. 「자르다」라는 동사 cut은 cut-cut-cut의 형태로 변화한다는 거 잊지 마세요.

I had **my car** fixed	내 차를 고쳤어.
I had **the room** cleaned	그 방을 청소시켰어.
I had **my watch** _____	시계를 도둑맞았어.

fixed 고쳐진(*cf.* fix 고치다)   **stolen** 훔쳐진, 즉 도둑맞은(*cf.* steal 훔치다)   정답: stolen

A: I had my car fixed.   A: 차를 수리했어.
B: How much did it cost?   B: 얼마 들었나?

A: I'll have the room cleaned **before the meeting.**   A: 회의 전에 이 방을 청소시킬게요.
B: Good idea.   B: 좋은 생각이야.

I had **the audience** laughing

<u>목적어가 되는 명사</u>   <u>동사의 ~ing형</u>

「내가 방청객들을 웃게 만들었지 뭐야」, 즉 「내 말에 방청객들이 웃었다」는 말이 되겠는데요. **have** +목적어(명사)+~ing의 형태가 되면 「주어가 목적어를 …하게 만든다」라는 의미랍니다.

I had **her** researching **the report**	내가 그 여자한테 보고서를 조사하라고 시켰어.
I have **the water** running	내가 물을 틀어놨어.

run (물 등이) 흐르다

A: Why was Maria so busy today?   A: 마리아는 오늘 왜 그렇게 바빴던 거야?

B: I had her researching the report.   B: 보고서를 조사하라고 시켰거든.

A: Do you hear that? What's that noise?   A: 저 소리 들려? 무슨 소리지?

B: Oh, I have the water running.   B: 아. 내가 물을 틀어놨어.

Would you have **him** call me?

<u>목적어가 되는 명사</u>   <u>동사원형</u>

「그 사람이 나한테 전화하게 해주실래요?」 즉 「그 사람더러 저한테 전화하라고 해주실래요?」라는 말이죠. 친구 사무실을 찾아갔더니 혹은 전화했더니 마침 친구가 없을 때 친구 동료에게 혹은 전화받은 사람에게 할 수 있는 말이에요. 이렇게 'have+목적어(명사)+동사원형'의 형태로 「…에게 (지시하여) ~을 하게끔 시키다」라는 의미를 나타낼 수 있죠.

I'll have **my secretary** attend **the meeting**	비서를 시켜 그 회의에 참석하게 할게요.
Have **her** come in	들어오라고 해.

attend 참석하다

A: Mr. Baggins is not in right now.   A: 배긴스 씨는 지금 안계세요.

B: Would you have him call me when he comes back?   B: 돌아오면 저한테 전화하라고 해주실래요?

A: Ms. Norris is here to see you.   A: 노리스 씨가 만나러 오셨는데요.

B: Okay. Have her come in.   B: 알겠어요. 들어오라고 해요.

너도 갖고 있단 말이지

You have+명사

이제 주어 'I'를 살짝 바꿔 'You have+명사'의 형태를 만들어보는데요, 앞서 배운 'I have+명사'의 문형과 마찬가지로 You have 역시 다양한 명사를 목적어로 취하면서 양질의 회화문장을 만들어주는 문형입니다.

응용 1 You have ~ 다음에 다양한 명사를 넣어봅시다.

You have **a nice car**
　　　　　　　　명사

「너 멋진 차를 갖고 있구나」, 즉 「네 차 멋있다」라는 의미의 문장이죠. 'You have+명사'의 형태로 상대방이 무엇을 가지고 있는지 말할 수 있는데요, 형태를 가진 것이든, 형태가 없는 것이든 모두 모두 목적어로 올 수 있답니다.

You have **a large family**	(당신 가족은) 대가족이네요.
You have **a good memory**	기억력이 좋으시네요.
You have **a call from Mr. Kobs**	콥스 씨에게서 전화 왔어요. (전화를 바꿔주면서)
You ＿＿＿＿＿＿＿＿＿＿	친구들이 많으시군요.

정답: have a lot of friends

A: I have two sisters and three brothers.
B: Wow! You have a large family.

A: Didn't we meet at a party a few years ago?
B: You have a good memory.

A: 난 누나가 둘에 남동생이 셋이야.
B: 이야! 대가족이로군.

A: 우리, 몇년 전에 파티에서 만났었죠?
B: 기억력이 좋으시네요.

응용
2

You have no idea how~ 의 구문을 익혀봅시다.

You have **no idea** how **loud they are**
_{명사}

「그 소리가 얼마나 시끄러운지(loud) 넌 몰라」라는 의미입니다. 즉 「되게 시끄러웠다」는 얘기를 좀 호들갑스럽게 말한 거죠. 좀 난이도가 있는 문장인데요, 앞에서 다루었던 I have no idea, 기억나시죠?(p.133) 「(난) 몰라」라는 뜻이니까 You have no idea라고 하면 「넌 모른다」는 뜻이 되겠죠. 거기에 「얼마나 …한지 모른다」는 뜻으로 'how+형용사+주어+동사'의 형태를 만들어 붙이면 「얼마나 …한지 넌 아마 모를걸」이라는 의미의 표현이 되는 거예요.

You have **no idea** how **boring it is**	얼마나 지루한지 넌 모를 거야.
You have **no idea** how **exciting it was**	얼마나 신났었는지 넌 모를 거야.
You have **no idea** _____	그 여자가 얼마나 예쁜지 넌 모를 거야.

boring 지루한

정답: how pretty she is

A: How was your trip to Paris?
B: You have no idea how exciting it was.

A: I heard that you're studying economic theory.
B: You have no idea how boring it is.

A: 파리 여행은 어땠어?
B: 얼마나 신났었는지 넌 모를 거야.

A: 너 경제 이론을 공부한다면서.
B: 그게 얼마나 지루한지 넌 모를 거야.

이것만은 정리하고 넘어갑시다!

have의 주요 의미

❶ (유형·무형의 대상을) 갖고 있다	I have + 명사 (p.132, 133)
❷ (질병을) 앓고 있다	I have + 질병 (p.134)
❸ 먹다, 마시다	I have + 음식 (p.135)
❹ 당하다, (남이 한 일을) 해 받다	I have + 목적어(명사) + 과거분사 (p.136)
❺ …하게 하다	I have + 목적어(명사) + ~ing (p.137)
❻ (지시·설득으로) …을 시키다	I have + 목적어(명사) + 동사원형 (p.137)

'갖고 있는지' 물어보기

(기) (본) (패) (대) (문) (형)

Do you have + 명사?

이번에는 have동사의 의문문 문형으로 상대방에게 「…갖고 있느냐」라고 물어보는 표현인
`Do you have + 명사~?`를 알아봅니다. 역시 have의 목적어로는 물질, 추상명사 등 다
양하게 올 수 있습니다.

Do you have~ **다음에 다양한 명사를 넣어봅시다.**

Do you have **a digital camera?**
<u>명사</u>

「디카 갖고 있니?」라는 말. 아래 예문에서 볼 수 있듯이 Do you have~다음에는 I have~나 You
have ~에서와 마찬가지로 유형·무형의 여러가지 명사들이 올 수 있습니다. 「너 …갖고 있니?」라
는 뜻이 되겠죠.

Do you have **a brother?**	너 남자형제가 있니?
Do you have **kids?**	자녀가 있나요?
Do you have **a room for tonight?**	오늘밤 묵을 방 있나요? (호텔 등에서)
_____ **to have dinner?**	저녁 먹을 시간 있어요?

정답: Do you have time

A: Do you have a brother?
B: No, I have an older sister and a younger sister.

A: My wife and I have been married for six years.
B: Do you have kids?

A: 남자형제가 있니?
B: 아니, 누나 한명에 여동생이 한명 있어.

A: 우리 부부는 결혼한지 6년 됐어요.
B: 자녀는 있나요?

Do you have any~ 다음에 다양한 명사를 넣어봅시다.

Do you have **any** questions?
명사

「질문 있나요?」라는 뜻으로 명사 앞에 any가 붙어 있는 것이 그 특징입니다. any는 수나 양이 확실치 않은 것을 의미하는 단어로 위 문장은 질문의 개수가 중요한 것이 아니라 질문이 있는지 없는지, 즉 질문의 유무에 초점을 두고 있습니다.

Do you have any **plans?**	무슨 계획이라도 있어?
Do you have any **idea?**	뭐 좀 아는 것 있어?
Do you have any **other brands?**	다른 상표(의 상품)은 있나요?
_____?	맥주 있니?

brand 특정 상표, 특정 상표가 붙은 상품

정답: Do you have any beer?

A: Did you figure out the math homework?
B: **Nope.** Do you have any idea about it?

A: Do you have any plans tonight?
B: **Possibly.** What do you have in mind?

A: 수학숙제 풀었어?
B: 아니. 너 뭐 아는 것 좀 있나?

A: 오늘 밤에 무슨 계획이라도 있어?
B: 어쩌면 생길 지도 몰라. 뭐할 생각인데?

만능동사 get, 당신의 능력을 보여주세요

기 본 패 대 문 형

get + 명사

get은 have 이상으로 다양한 쓰임새, 다양한 의미를 갖는 만능동사이죠. 동사의 지존이라고 해도 과언이 아닙니다. 기본적으로 get + 명사의 형태로 「얻다」, 「받다」라는 의미를 쓰이며 또한 장소명사가 목적어로 오면 「도착하다」라는 의미죠. 그밖에 전화를 받거나, 버스, 지하철을 타는 것 등등을 모두 get + 명사의 형태로 표현할 수 있습니다.

응용 **1**

get 다음에 다양한 명사를 넣어봅시다.

I got <u>an e-mail</u> from her
명사

「걔한테서 이메일 받았어」라는 의미죠. 만능동사 get이 기본의미인 「받다」(receive)라는 의미로 쓰인 경우입니다. get은 돈을 주고 사거나 어디 가서 가져오거나 누가 거저 주었거나 어쨌든 「손에 넣는 것」을 의미한답니다.

I got a new swimsuit at the store	그 상점에서 새 수영복을 샀어.
I got my driver's license	운전면허를 땄어.
I got a promotion	나 승진했어.
I got a new job	새 일자리를 구했어.
_____ on my English test	영어시험에서 A+를 받았어.

driver's license 운전면허   get a promotion 승진하다

정답 | I got an A+

이렇게
얘기
해봐요!

A: I got my driver's license today.
B: Soon you'll have to buy yourself a car.

A: You look happy. What's up?
B: I got a promotion today.

A: 오늘 운전면허 땄어.
B: 곧 차를 사야겠구나.

A: 기분 좋아 보이네. 무슨 일이야?
B: 나 오늘 승진했어.

응용 2 get 다음에 다양한 장소를 넣어봅시다.

I got home after work
장소를 나타내는 명사

「퇴근 후에(after work) 집에 갔다」는 말로, get 다음에 특히 '장소'를 나타내는 명사가 오면 get은 「도착하다」라는 의미를 나타내게 됩니다.

I got downstairs for dinner	저녁을 먹으려고 아래층에 내려갔지.
_____ on time	난 거기 제시간에 도착했어.

on time 제시간에

정답 : I got there

A: Were you late for your doctor's appointment?
B: No, I got there on time.

A: After unpacking, I got downstairs for dinner.
B: How was the food in the restaurant?

A: 병원 예약시간에 늦었어?
B: 아니, 제 시간에 갔어.

A: 짐을 풀고 나서 아래층에 저녁먹으러 내려갔지.
B: 그 식당 음식은 어땠니?

응용 3 get의 그외 다양한 의미들을 알아봅시다.

He got a phone
명사

「걔가 전화를 받았어」라는 의미죠. get에는 앞서 연습한 것들 외에도 여러가지 의미들이 있습니다. ① 전화를 받거나 문을 열어 주는 것, ② 버스 등을 타는 것, ③ 알아듣거나 이해하는 것, ④ have 대신에 질병 이름과 함께 쓰여 「병에 걸린다」는 것을 강조하는 것 등이 모두 get의 쓰임새예요.

I'll get it	(전화가 오거나 초인종이 울렸을 때) 내가 받을게, 내가 열게
We need to get the forty-two bus	우린 42번 버스를 타야 돼.
Now I got it	이제 알겠다.
I got the flu	나 독감에 걸렸어.

A: Which bus will take us downtown?
B: We need to get the forty-two bus.

A: I can hear the telephone ringing.
B: Me too. I'll get it.

A: 몇번 버스가 시내로 가?
B: 42번 버스를 타야 돼.

A: 전화벨이 울리는 소리가 들리는데.
B: 나도 들려. 내가 받을게.

상태의 '변화'를 강조하는 get

get + 형용사 | 과거분사

get 뒤에 형용사가 오면 「…하게 되다」, 「…해지다」라는 become의 의미가 되죠. 또한, be+과거분사 형태의 수동태 문장에서 be동사 대신에 쓰여 과거분사의 '동작'을 강조하기도 합니다.

응용 **1** get 다음에 다양한 형용사를 넣어봅시다.

I got fat
형용사

「나 살이 쪘어」라고 하는 말입니다. get 다음에 「형용사」가 오게 되면 「…하게 되다」, 「…해지다」라는 의미로 상태의 변화를 나타내죠. 'I' 외에도 다양한 주어로 표현해봅시다.

I got really mad at him	나 걔한테 엄청나게 화났었어.
I get red when I drink	술을 마시면 난 빨개져.
It's getting better[worse]	점점 나아지고(나빠지고) 있어.
My feet _____	발이 차가워지고 있어.

mad 매우 화가 난   정답: are getting cold

A: What happened when your boyfriend forgot your birthday?
B: I got really mad at him.

A: Is it warm enough for you?
B: Not really. My feet are getting cold.

A: 네 남자친구가 네 생일을 까먹다니 어떻게 된 거야?
B: 나 걔한테 무지 화났어.

A: 이 정도면 따뜻해?
B: 별로. 발이 차가워지고 있어.

get 다음에 다양한 과거분사를 넣어봅시다.

12 I'm getting married in May

동사의 과거분사형

「나 5월에 결혼해」라는 의미의 문장입니다. get＋과거분사는 be＋과거분사, 즉 '수동태'의 문장에서 be동사 대신 쓸 수 있습니다. 「과거분사의 상태가 되다」라는 의미죠. (수동태가 뭐였는지 기억 안 나시는 분은 p.57을 얼른 펴보세요.)

I got fired today	나 오늘 해고됐어.
I got drunk	나 취했어.
I got locked out	열쇠도 없이 문을 잠그고 나와버렸네.
_____ by the police	그 사람은 경찰에게 붙잡혔어.

fire 해고하다 be[get] locked out (열쇠를 안에 두고) 문을 잠그고 나오다

정답: He got caught

A: Are you upset about something?
B: I feel awful. I got fired today.

A: I got locked out of my car.
B: Did you call the locksmith?

A: 뭐 화나는 일 있니?
B: 기분 더러워. 오늘 해고당했다구.

A: 차 열쇠를 안에 두고 잠가버렸네.
B: 열쇠 수리공은 불렀어?

그밖에 get의 주요 쓰임새

get+목적어+명사 | 형용사 | 과거분사

'get+목적어 ❶(사람)+목적어 ❷(사물)'과 같이 get 다음에 명사 두개가 연속해서 나오는 경우에는 「목적어 ❶(사람)에게 목적어 ❷(사물)을 갖다주다, 혹은 사다주다」라는 의미가 됩니다. 또, get+목적어 다음에 '형용사'가 오게 되면 「목적어를 형용사의 상태로 만든다」라는 의미가 되구요, 'get+목적어(명사)+과거분사'의 형태가 되면, have의 경우에서와 마찬가지로 「당하다」, 즉 남을 시켜서 한 일을 뜻하게 됩니다.

응용 1 get 다음에 사람+사물의 형태를 만들어 봅시다.

I'll get you some coke
　　　　　목적어 ❶(사람)　　목적어 ❷(물건)

「내가 너한테 콜라 갖다줄게」라는 의미의 말입니다. get 다음에는 목적어가 두 개 나올 수 있는데, 주로 'get+사람+물건'의 형태죠. 「사람에게 …을 갖다준다」는 의미입니다.

He got me an expensive dress	걔가 나한테 비싼 옷 사줬어.
Let me get you a piece of pie	너한테 파이 한조각 갖다줄게.
Could you _____?	나한테 신문 좀 갖다줄래요?

expensive 비싼

정답: get me a newspaper

A: My boyfriend got me an expensive dress.
B: Hmm... Is he rich?

A: This coffee tastes great.
B: Let me get you a piece of pie to go with it.

A: 내 남자친구가 비싼 옷 사줬어.
B: 흠… 걔 부자니?

A: 커피 맛 좋네.
B: 커피랑 같이 먹도록 파이 한 조각 갖다줄게.

146

get 다음에 명사+형용사의 형태를 만들어 봅시다.

He always gets me upset

목적어(명사)　형용사

「걘 항상 날 화나게 해」, 즉 「난 늘 걔 때문에 화가 나」라는 뜻이 되겠죠. 이렇게 'get+목적어(명사)+형용사' 의 형태는 「주어가 목적어를 형용사의 상태로 만든다」는 의미랍니다.

I can't get my hands warm	손을 따뜻하게 할 수가 없네.
Nothing can get him mad	그 어떤 것도 걜 화나게 만들 수 없어.
We must _____	저녁을 준비해야 돼.

mad 매우 화난

정답: get dinner ready

A: Bill seems to be a very patient guy.
B: Yeah. Nothing can get him mad.

A: The office is really cold today.
B: I know. I can't get my hands warm.

A: 빌은 굉장히 참을성이 있는 것 같아.
B: 응. 어떤 일에도 화를 내지 않지.

A: 오늘 사무실이 정말 춥구나.
B: 그러게. 손을 따뜻하게 할 수가 없네.

---

get 다음에 명사+과거분사의 형태를 만들어 봅시다.

I got my hair cut

목적어(명사)　과거분사

「머리를 잘랐어」라는 뜻이죠. 어? 이 문장 어디선가 봤는데…? have+목적어(명사)+과거분사의 설명에서 나온 문장이지요? (p.136 참고) 이렇게 똑같은 문형에서 have와 get을 바꿔써도 된답니다. 의미는 남을 시켜서 「…를 해 받는다」, 혹은 어떤 일을 「당하다」라는 것이죠.

I got my car washed	차를 (맡겨서) 세차했어.
I got my bicycle fixed	자전거를 고쳤어.
I got the house _____	집을 페인트 칠했어.
You should get the children _____	애들 옷을 입혀야지.

fix 고치다, 수리하다.

정답: painted dressed

A: You look different today.
B: I got my hair cut. Does it look good?

A: I got my car washed today.
B: That's a good thing to do while the weather is nice.

A: 너 오늘 좀 달라보인다.
B: 머리를 잘랐거든. 보기 좋아?

A: 오늘 세차를 했어.
B: 날씨 좋을 때 세차하는 게 좋지.

응용 **4** get 다음에 **명사+to부정사**의 형태를 만들어 봅시다.

I couldn't get him to calm down
목적어(명사)　　　to+동사원형

「걜 진정시킬 수가 없었어」라는 말이에요. calm down은 기쁨이나 슬픔, 분노 등 고조된 감정을 「가라앉히다」, 「진정하다」라는 의미죠. 이렇게 get+목적어(명사)+to부정사의 구조로 「목적어를 설득하거나 지시하여 …하게 만들다」라는 의미를 나타낼 수 있습니다.

I'll get Amanda to go out with me	어맨더가 나하고 데이트하게 만들 거야.
You should get security to open it up	경비원에게 열어달라고 해야겠네.
He tried to get me to pay for it	걘 내가 돈을 내도록 하려고 하더라니까.
	Greg이 네 차를 고쳐놓도록 시킬게.

go out with+사람 …와 데이트하다　　security 경비원

정답 : I'll get Greg to fix your car.

A: The door is locked.
B: You should get security to open it up.

A: Did Harry make you pay for dinner?
B: He tried to get me to pay for it, but I refused.

A: 문이 잠겼네.
B: 경비원을 불러 열어달라고 해야겠네.

A: 해리가 저녁값을 네가 내게 했단 말야?
B: 내가 돈을 내게끔 하려고 하더라구. 하지만 싫다고 했어.

🐥 이것만은 **정리**하고 **넘어**갑시다!

get의 주요 의미

❶ 손에 넣다, 받다	**get** + **명사** (p.142)
❷ (어떤 장소에) 도착하다	**get** + **장소** (p.143)
❸ …해지다, …하게 되다	**get** + **형용사/과거분사** (p.144, 145)
❹ 사람에게 …을 갖다주다, 사다주다	**get** + **사람** + **사물** (p.146)
❺ …하게 만들다	**get** + **목적어(명사)** + **형용사** (p.147)
❻ 당하다, (남이 한 일을) 해 받다	**get** + **목적어(명사)** + **과거분사** (p.147)
❼ (설득이나 지시로) …하게 하다	**get** + **목적어(명사)** + **to부정사** (p.148)

get이 들어가는 주요 표현 모음

만능동사답게 쓰임새가 아주 다양한 get은 여러가지 숙어표현에도 단골로 등장한답니다. 다음 표현들을 알아두면 실제 회화에서 아주 유용하게 쓸 수 있을 거예요.

get in touch with : …와 연락하다
A: How can I **get in touch with** him?
B: I'll get him to call you.

A: 어떡하면 걔하고 연락할 수 있지?
B: 내가 걔한테 전화하라고 할게.

get together : 모이다, 만나다 (*gettogether 모임, 만남)
A: We should **get together** soon.
B: Are you free next weekend?

A: 우리 곧 만나야지.
B: 다음 주말에 시간 있어?

get along with+사람 : …와 사이좋게 지내다
A: Do you **get along well with** your brother?
B: Yes, I like him very much.

A: 형하고는 사이좋게 지내?
B: 응. 난 형을 무척 좋아해.

get back to : …로 돌아오다, 돌아가다 (*cf.* get back : 돌아오다, 되찾다)
A: You shouldn't go so soon.
B: I really need to **get back to** work.

A: 이렇게 빨리 가면 안되지.
B: 정말로 일하러 다시 가봐야만 해.

get sby down : …를 낙담하게 만들다, 침울하게 하다
A: Fred is fighting with his wife again.
B: I hope it doesn't **get him down**.

A: 프레드가 또 부부싸움을 하네.
B: 이 일로 프레드 기분이 처지지 않았으면 좋겠네.

get over : 넘다, 극복하다, (아픈 기억 등을) 잊다
A: It's been difficult to **get over** my ex-boyfriend.
B: You'll find another guy soon.

A: 예전 남자친구를 잊기가 힘들어.
B: 곧 다른 남자를 만나게 될 거야.

get through : …을 통과하다, 뚫고 나가다 (*get through to +사람 (전화를) …에게 연결시키다)
A: Without money, it's hard to **get through** life.
B: Yeah, a good job is important.

A: 돈이 없으면 인생을 헤쳐나가기 힘들지.
B: 맞아, 좋은 직업을 갖는 게 중요하다구.

get it : 이해하다 (*I got it 알겠다!, 알았다! / I don't get it 모르겠어, 이해가 안가)
A: This project needs to be finished in five days.
B: I **got it**. We need to hurry.

A: 이 프로젝트는 닷새 후엔 끝나야만 해.
B: 알았어. 서둘러야겠다.

※ 이외에도 이런 표현들에 get이 쓰여요!

get screwed 망치다	get the picture 알다, 이해하다
get out of …에서 나오다	get out 밖으로 나가다
get in 안에 들어가다, 탈것 등에 타다	get on 차에 타다
get off 차에서 내리다	get up 일어나다, 깨다
get down to …에 착수하다	get ahead 나아가다, 따라잡아 앞서다, 성공하다
get away 떠나다, 도망치다 (*getaway 휴가여행)	

have got은 또 뭐냐고요~

기본패턴형

have got

have got은 구어에서 많이 쓰는 표현으로 have와 별반 다를 것 없이 쓰입니다. have+명사가 「…을 갖고 있다」라는 뜻이 되듯 have got+명사는 「갖고 있다」는 의미구요, have to+동사가 「…해야 한다」는 뜻이니 have got to+동사도 「…해야 한다」는 의미가 되는 거죠. 그냥 '아~ have 대신에 have got을 쓸 수도 있구나' 하는 정도로만 알아두셔도 되겠습니다.

응용 **1**

I have got~ 다음에 다양한 명사를 넣어봅시다.

I've got <u>four tickets</u>
명사

「나 티켓 네 장 갖고 있어」라는 뜻입니다. I "have" four tickets라고 해도 돼요. 이렇게 have got+명사의 형태는 have+명사와 똑같이 「…을 갖고 있다」는 의미죠. 하지만, have와 같다고는 해도 「갖고 있다」는 뜻 외에 다른 의미로 쓰인 have는 have got으로 바꿀 수 없다는 거 잊지 마세요. 예를 들면 have lunch(점심먹다)와 같은 경우에는 have를 have got으로 바꿀 수 없습니다.

I've got **a date**	나 데이트가 있어.
I've got **an idea**	나한테 생각이 있어.
I've got **two kids**	애가 둘이에요.
_____	나한테 계획이 있어.

kid 그냥 「어린아이」라는 뜻도 되지만 「자식」을 의미하기도 한다

정답: I've got a plan

A: How can we make some money?
B: I've got an idea. Do you want to hear it?

A: Why are you dressed so formally tonight?
B: I've got a date that I want to impress.

A: 어떻게 하면 돈을 벌 수 있을까?
B: 나한테 생각이 있어. 들어볼래?

A: 오늘 왜 그렇게 정식으로 차려입었어?
B: 데이트가 있는데 강한 인상을 주고 싶어.

I have got to~ 다음에 다양한 동사를 넣어봅시다.

I've got to **go**
동사원형

「나 이제 가봐야 해」라는 의미입니다. I have got to+동사원형의 형태네요. have got은 have와 같다고 했으니 이는 I have to+동사원형으로 바꿀 수 있겠네요. 의미는 「…해야 한다」는 뜻이구요. (have to에 대해 생각 안나시는 분은 p.126로...)

I've got to **tell you**	너한테 말해야겠어.
I've got to **go back to my office**	난 사무실로 돌아가 봐야 해.
You've got to **be careful**	조심해야 돼.
_____ **something now**	난 이제 뭔가 해야만 해.

정답: I've got to do

A: Can you join us for a few drinks?
B: No, I've got to go back to my office.

A: This is dangerous. You've got to be careful.
B: Don't worry about me.

A: 우리랑 같이 술이나 몇잔 마실래?
B: 아니, 사무실로 돌아가봐야 해.

A: 이 일은 위험해. 조심해야 한다구.
B: 내 걱정 하지 마.

10

표현을 더욱 풍부하게 하는
기본동사 모음

like ...

like(좋아하다), know(알다),
think(생각하다) 등의 기본동사들은 쉬운 만큼
일상생활에서 쓰이는 빈도도 아주 높답니다.

좋아해*^^*

기본패턴형

I like + 명사 | to부정사 | ~ing

like는 「좋아하다」라는 의미의 대표적인 동사죠. 뒤에는 목적어로 명사가 오거나, to부정사(to+동사원형) 혹은 동사의 ~ing 형태가 옵니다. 좋다는 것을 좀더 강조해서 얘기하고 싶으면 like 대신 한단계 강도 높은 love를 쓰시면 돼요.

응용 **1** ㅣ like ~ **다음에 다양한 명사를 넣어봅시다.**

I like **pizza**
명사

「난 피자 좋아해」라는 뜻이죠. I like 다음에는 다양한 명사가 와서 「좋아한다」는 의미를 나타낼 수 있는데요, 내가 평소에 뭘 좋아하고 있었는지를 나타낼 때도 쓰이지만, 아래 예문처럼 「너 오늘 맨 타이가 멋있었구나」하고 칭찬할 때나 선물을 받고 「나 그거 맘에 든다」고 할 때에도 I like~가 쓰인답니다. 자, 그럼 I like ~뒤에 좋아하는 것들을 잔뜩 넣어볼까요?

I like **your tie**	네가 매고 있는 타이. 좋구나.
I like **this picture**	이 사진, 맘에 든다.
I like **it**	맘에 들어.
I like **comics**	난 만화책을 좋아해.
_____ **very much**	나 네가 정말 좋아.

정답: I like you

A: You look nice today. I like your tie.
B: Thank you.

A: Here's your birthday present. It's a silver bracelet.
B: Thank you. I like it.

A: 오늘 멋있어보이네. 넥타이가 참 좋다.
B: 고마워.

A: 이거 네 생일선물. 은팔찌야.
B: 고마워. 맘에 들어.

응용 2

I like~ 다음에 to+동사원형 혹은 ~ing형태를 넣어봅시다.

I like **to swim**
to+동사원형(~ing 형태가 와도 된다)

「난 수영하길 좋아해」라는 의미죠. 내가 좋아하는 「활동」, 「행동」을 말할 땐 I like to+동사원형의 형태를 이용하면 되는데요, to+동사 대신에 ~ing 형태를 써도 같은 뜻이죠. 따라서 위 문장은 I like swimming이라고 해도 같은 의미입니다.

I like **to jog in the morning**	난 아침에 조깅하는 걸 좋아해.
I like **to take walks alone**	난 혼자서 산책하길 좋아해.
_____ **baseball games**	난 야구경기 관람하는 걸 좋아해.

정답: I like to watch[watching]

A: I like to jog in the morning.
B: Really? So do I.

A: What do you do on Saturdays?
B: I stay at home. I like to watch baseball games.

A: 난 아침에 조깅하는 걸 좋아해.
B: 정말? 나도 그런데.

A: 토요일마다 뭐 하세요?
B: 집에 있어요. 야구경기 보는 걸 좋아하거든요.

→ 영어회화 지식Box: I like~ vs. I'd like~

p.100에서도 다루었듯, would like는 「…하고 싶다」는 뜻인데요, 보통 주어 끝에 붙여 I'd like로 줄여서 쓰죠. I'd의 /d/ 발음이 잘 안들려서 마치 I like to~처럼 들리게 되는데요 I like to+동사가 「…하기를 좋아한다」, 「…를 하면 즐겁다」는 의미인 반면, I "would" like to+동사는 (보통 지금) 「…하고 싶다」, 그러니 그걸 하자는 의미를 띤답니다.

A: What do you do in your free time?
B: **I like** to go hiking.

A: What do you want to do today?
B: **I'd like** to go hiking.

시간이 나면 뭘 해?
등산하는 걸 좋아하지. (평소에 즐기는 것)

오늘 뭐 하고 싶어?
등산하고 싶어. (지금 하고 싶은 일)

이런 건 싫다구

I don't like+명사 | to부정사 | -ing

I like~의 부정형태로 I don't like~는 「좋아하지 않는다」, 즉 「싫다」라는 의미입니다. I like~의 경우와 마찬가지로 목적어로는 명사 뿐만 아니라 명사 상당어구인 to+동사, 또는 ~ing 형태가 올 수 있습니다.

I don't like~ 다음에 다양한 **명사**를 넣어봅시다.

I don't like **noisy music**
명사

「시끄러운(noisy) 음악은 좋아하지 않아」라는 의미죠. I don't like~ 다음에 싫어하는 것들을 마음껏 넣어보세요.

I don't like **sports**	스포츠는 좋아하지 않아.
I don't like **this type of work**	이런 종류의 일은 싫더라.
I don't like **my boss**	우리 상사가 맘에 안들어.
I don't like **the blue one**	파란 것은 별로야.
I _____ very much	콩은 너무 먹기 싫더라.

this type of 이런 유형(종류)의 | boss 상사, 사장   정답: don't like beans

A: I don't like my boss.
B: You should probably try to find another job.

A: What do you think about these shirts?
B: I don't like the striped one.

A: 우리 상사가 맘에 안들어.
B: 다른 일을 찾아봐야겠구나.

A: 이 셔츠들 어떻게 생각해?
B: 줄무늬 셔츠는 별로야.

응용

I don't like~ 다음에 다양한 to부정사나 ~ing 형태를 넣어봅시다.

I don't like **to talk about it**

<u>to+동사원형</u>(~ing 형태가 와도 된다)

「거기에 대해서는(about it) 얘기하기 싫어」라는 의미네요. 싫은 일을 명사 하나로 표현하기 힘들 때
는 to+동사원형을 이용하면 돼요. 물론 to+동사원형 대신에 ~ing 형태를 써도 같은 의미지요.

I don't like **to see her**	걔 보고 싶지 않아.
I don't like **to think about that**	거기에 대해 생각하기 싫어.
I don't like **to do the dishes**	설거지하기 싫어.
I _____ **him**	걔한테 물어보기 싫어.

do the dishes 설거지하다   정답: don't like to ask[asking]

이렇게
얘기
해봐요!

A: Your kitchen is pretty dirty.
B: I know. I don't like doing the dishes.

A: We may never see each other again.
B: I don't like to think about that.

A: 너희 집 부엌 굉장히 지저분하구나.
B: 맞아. 내가 설거지하는 걸 싫어해서.

A: 우리 다시는 서로 볼 일 없을 거야.
B: 생각하기도 싫다.

like로 좋아하는지 물어보기

기본 패턴형

Do you like+명사 |to부정사 |~ing?

내가 좋고 싫은 게 있으면 남 역시 좋고 싫은 게 있기 마련이죠. 내 얘기만 하지 말고 남의 취향도 물어볼 줄 아는 사람이 되자구요. 「…를 좋아하니?」하고 물어볼 땐 조동사를 앞으로 빼서 Do you like~?로 물어보면 돼요.

응용 1 Do you like~ 다음에 다양한 명사를 넣어봅시다.

Do you like **Korean food?**
<u>　　　　　　　명사　</u>

「한국음식 좋아해?」라는 의미의 질문이죠. Do you like+명사?의 형태로 물어봅시다.

Do you like **jazz?**	재즈 좋아해?
Do you like **sports?**	스포츠 좋아하니?
Do you like **your job?**	하시는 일은 맘에 드세요?
Do you like **your new shoes?**	새 신발은 맘에 들어?
_____**?**	너, 그 애 좋아해?

정답: Do you like her[him]

A: Do you like jazz?　　　　　　　　　　　　A: 재즈 좋아하니?
B: Well, I'm a big fan of John Coltrane.　　　B: 음, 존 콜트레인을 무진장 좋아하는 팬이야.

A: Do you like your job?　　　　　　　　　　A: 하는 일은 마음에 드니?
B: I really enjoy doing my work.　　　　　　　B: 정말 즐겁게 일하고 있어.

158

Do you like~ 다음에 to + 동사원형 또는 ~ing형태를 넣어봅시다.

Do you like to play golf?
to + 동사원형

「골프치는 거 좋아해?」라고 묻고 있는 거죠. 앞서의 경우와 마찬가지로 like 다음에 to + 동사원형이
와도 되고 ~ing 형태가 와도 됩니다.

Do you like **to sing?**	노래부르는 거 좋아해?
Do you like **to hike?**	등산하는 거 좋아해?
＿＿＿＿＿＿＿＿＿ **basketball games?**	농구경기 보는 거 좋아해?

hike 등산하다   정답: Do you like to watch(또는 Do you like watching)

A: The LA Lakers are doing well this year.
B: Do you like to watch basketball games?

A: Do you like to sing?
B: Yes, but to be honest, my voice isn't
   very good.

A: LA 레이커스 팀이 올해 굉장히 잘 하고
   있어.
B: 농구 경기 보는 거 좋아하는구나?

A: 노래부르는 거 좋아해?
B: 응, 하지만 솔직히 내 목소리는 그다지
   근사하지 않아.

나도 안다구

기본 배 대 문 형
I know + 명사 | 명사절

know는 「알다」라는 의미의 생기초동사죠. 뭘 아는지에 대해서는 know 뒤에 목적어(명사)를 써주는데요, '의문사(또는 관계대명사)+주어+동사' 로 이루어진 '명사절' 도 길긴 하지만 명사에 속하므로 뒤에 올 수 있습니다.

응용
1

I know~ 다음에 다양한 명사를 넣어봅시다.

I know **her name**
　　　　　　명사

「나 걔 이름 알아」라는 말이죠. **I know + 명사** 의 형태로 내가 아는 것에 대해 말할 수 있습니다.

I know a lovely store in New York	뉴욕에 있는 근사한 가게를 알고 있어.
I know her	나 걔랑 알고 지내는 사이야.
I know of her	나 걔가 누군지 알아.
_____ about kung fu	쿵후에 대해서라면 뭐든 다 알아.

lovely 멋진, 예쁜, 사랑스러운.

정답: I know all

이렇게 얘기 해봐요!

A: I'd like to buy some antiques.
B: I know a lovely antique store in New York.

A: I know all about kung fu.
B: Why don't you show me some moves?

A: 골동품을 좀 사고 싶은데.
B: 뉴욕에 근사한 가게를 알고 있어.

A: 난 쿵후에 대해서라면 뭐든 다 알아.
B: 동작을 좀 보여줘.

I know **what you mean**
명사절

「네가 무슨 뜻으로 얘기하는 건지(mean) 알아」라는 말이에요. I know 다음에 앞서 배운 명사 대신 명사상당어구, 즉 명사는 아니지만 명사처럼 쓰일 수 있는 명사구나 명사절이 오는 문형입니다. 먼저 '의문사+to+동사' 가 명사구로 know의 목적어로 올 수 있구요, 또한 대표적인 종속접속사 that을 이용한 'I know that+주어+동사,' 의문사를 이용한 'I know+의문사+주어+동사' 의 문형 등이 know의 목적어로 명사절이 온 경우입니다.

I know **what you're talking about**	네가 무슨 얘기 하고 있는 건지 알아.
I know **how to play this game**	이 게임 어떻게 하는지 알아.
I know **where to go**	어디로 가는지 알아.
I know **that he's a married man**	그 사람이 유부남이라는 거 알아.
I know _____	네가 어떤 기분인지 알아.

정답: how you feel

A: It seems like things get more and more expensive.
B: I know what you're talking about.

A: We're playing cards. Want to join us?
B: Sure. I know how to play this game.

A: 물가가 점점 비싸지는 것 같아.
B: 무슨 소린지 알겠어.

A: 카드놀이 하려고 하는데. 같이 할래?
B: 좋지. 나 포커 칠 줄 알아.

→ 영어회화 지식Box: 서로 아는 사이 vs. 나만 아는 사이

know는 분명 「알다」라는 뜻이지만, 뒤에 사람이 올 땐 우리가 생각하는 의미가 아닐 수도 있으니 조심해야 해요. 섹시한 여가수 브리트니 스피어스 얘기에 한창인 친구들 사이에 끼어들면서, "브리트니 스피어스? 나도 걔 누군지 아는데"라고 말할 의도로 "I know her"라고 해버리면 브리트니 스피어스와 '서로 얼굴도 알고 얘기도 해본 사이,' 즉 넓은 의미의 '친구 사이'라는 엄청난 말이 되어 버려요. 「know+사람」은 「…와 서로 알고 지낸다」는 의미거든요. 그냥 「그 사람이 누군지 일방적으로 안다」는 말을 하려면 I've heard of her (걔 얘기는 들어봤어), I know of her (누군지 알아), I know who she is(누군지 알아) 등의 표현을 씁니다. 적어도 두세번쯤 자리를 함께 하면서 얼굴을 익힌 사이라야 know를 쓸 수 있기 때문에, 「언젠가 한번 본적 있어」라는 I've met her just once 역시 know보다 덜 친한 사이에 쓰는 표현이죠.

I know Sally. We hung out together yesterday.
나 셀리랑 친해. 어제도 같이 놀았는걸.

I don't **know** Sally, but I've heard of her.
셀리랑 친하지는 않지만 누군지는 들어봤어.

I've met Sally just once. I don't **know** her very well.
셀리는 딱 한번 만나봤을 뿐이야. 걔랑 별로 안친해.

몰라 몰라 몰라

I don't know + 명사 | 명사절

이번에는 know의 부정문 형태로 I don't know ~를 살펴보죠. 역시 know의 목적어로는 단순히 명사가 오거나 명사구나 명사절 등이 오게 됩니다. 또한 상대방의 질문에 부정적인 대답을 할 때는 목적어를 생략하고 그냥 I don't know라고 해도 됩니다.

I don't know ~ **다음에 다양한 명사를 넣어봅시다.**

I don't know __my size__
명사

옷이나 신발 등을 사려고 할 때 「내 사이즈가 몇인지 몰라」라는 말이에요. I know ~에 부정문이라는 것을 나타내는 '조동사(do)+not'이 살짝 끼어든 것뿐이니 그리 어려울 건 없죠? 뒤에 사람이나 사물 등의 명사를 넣어봅시다.

I don't **know**	몰라.
I don't **know his cell phone number**	걔 휴대폰 번호를 모르는걸.
I don't **know Randy very well**	난 랜디랑 그다지 친하지 않아.
I _____	그 여자 나이를 몰라.

정답: I don't know her age

A: Can you tell me more about that guy?
B: Sorry, I don't know Danny very well.

A: You should call Glen and invite him.
B: I don't know his cell phone number.

A: 저 남자에 대해서 좀더 얘기해줄래?
B: 미안한데, 난 대니하고 별로 안친해.

A: 너 글렌에게 전화해서 초대해야지.
B: 걔 전화번호를 모르는걸.

응용2

I don't know~ 다음에 다양한 about+명사를 넣어봅시다.

I don't know **about that**
전치사＋명사

「난 그것에 대해서는 아는 게 없어」라는 말이지요. 이렇게 어떤 사실이나 사항에 '관해서' 아는지 모르는지를 언급할 때는 about+명사의 전치사구를 써요.

I don't know **about real estate**	부동산에 관해서는 아는 게 없어.
I don't know **about the new plans**	새 계획에 대해서는 몰라.
I don't know _____	요가에 대해 아는 게 없어.

real estate 부동산

정답: about yoga

A: Could you give me some advice about real estate?
B: Sorry. I don't know about that.

A: 부동산에 관해서 조언 좀 해줄래?
B: 미안해. 부동산에 대해서는 아는 게 없어.

응용3

I don't know~ 다음에 의문사를 이용한 명사절(구)를 넣어봅시다.

I don't know **what to do**
명사절

「뭘 해야 할지 모르겠어」라는 의미의 말입니다. 앞서 I know+명사절 편에서도 잠깐 다뤘지만, '의문사(what)+to+동사원형(do)'의 형태 역시 명사처럼 쓰입니다. 이 문장은 I don't know what I should do와도 같은 의미죠. 그밖에 보통 「의문사+주어+동사」의 명사절이나 '(that)+주어+동사'가 올 수 있는데, why의 경우에는 뒤에 절을 붙이지 않고 그냥 I don't know why의 형태로 「이유를 모르겠어」라는 의미의 말로 쓰이기도 합니다.

I don't know **what you're talking about**	네가 무슨 얘기 하는 건지 모르겠어.
I don't know **why she's angry**	걔가 왜 화를 내는지 모르겠네.
I don't know **how to thank you**	어떻게 감사를 드려야 할지 모르겠어요.
I don't know **why**	이유를 모르겠네.
I don't know _____	어디로 가야 할지 모르겠어.

정답: where to go(또는 where I should go)

A: I saw you dating another woman.
B: I don't know what you're talking about.

A: 네가 딴 여자 만나는 거 봤어.
B: 무슨 소리 하는 건지 모르겠네.

A: Here's the present I got for your birthday.
B: I don't know how to thank you.

A: 이거, 자네 생일이라서 선물 준비했어.
B: 어떻게 감사드려야 할지 모르겠네요.

너 그거 아니?

Do you know + 명사 | 명사절~?

know의 의문문 형태인 Do you know~?문형을 알아봅니다. 앞의 두 경우, 즉 know 평서문, 부정문의 경우와 마찬가지로 Do you know 다음에는 명사나 명사구, 명사절 등이 올 수 있지요. 이 문형은 특히 상대방에게서 필요한 정보를 얻어낼 때 꼭 사용해야 하는 중요한 문형입니다. 한편 구어에서는 조동사, Do를 생략하고 그냥 You know~?형태로도 쓰인다는 것을 알아두세요.

응용 1 Do you know~ 다음에 다양한 명사를 넣어봅시다.

Do you know **that?**
           명사

「너 그거 알아?」라는 말로, 뭔가 새롭고 놀라운 소식을 전하면서 말머리에 쓸 수 있는 표현입니다.

Do you know **her e-mail address?**	너 걔 이메일 주소 알아?
Do you know **Sarah?**	너 새러하고 친해?
Do you _____?	너 걔 전화번호 알아?

정답: know his[her] phone number

A: Do you know Pheobe?
B: No, I don't think we ever met before.

A: You can ask the school's advisor about that.
B: Do you know her e-mail address?

A: 피비랑 친하지?
B: 아니, 전에 한번도 만나본 적이 없는걸.

A: 지도교수님한테 그 문제를 여쭤봐.
B: 교수님 이메일 주소 알아?

Do you know anything about resumes?

know의 목적어   about+명사

「이력서(resume)에 대해서 뭐 좀 아는 거 있어?」라는 의미입니다. 이렇게 Do you know anything about+명사?의 형태로 상대에게 그 명사에 대한 정보를 구할 수 있죠. 아래 마지막 예처럼 Do you know any+명사?의 형태도 쓰일 수 있어요.

Do you know anything **about jazz?** 재즈에 대해 하는 것 좀 있어?
Do you know anything **about fixing cars?** 차 수리에 대해 뭐 좀 알아?
Do you know any **good restaurants?** 근사한 식당 아는 데 있어?

fix 고치다, 수리하다

A: Do you know anything about fixing computers?
B: Why? Isn't yours working properly?

A: Let's grab a bite to eat.
B: Do you know any good restaurants?

A: 컴퓨터 수리에 대해 뭐 좀 알아?
B: 왜? 네 컴퓨터 작동이 잘 안되나?

A: 뭐 좀 먹으러 가자.
B: 좋은 식당 아는 데 있어?

Do you know where the subway station is?

명사절

「전철역(subway station)이 어디 있는지 알아요?」라는 의미입니다. 앞서와 마찬가지로 '의문사+주어+동사,' '(that)+주어+동사,' '의문사+to+동사원형' 등, 다양한 명사절이나 구가 know의 목적어로 쓰일 수 있습니다.

Do you know **when the train leaves?** 기차가 언제 출발하는지 아세요?
Do you know **how to make an international call?**

국제 전화 거는 방법 아세요?

Do you know _____? 그 여자가 누군지 알아?

make a call 전화걸다   international call 국제전화   정답: who she is

A: Do you know who she is?
B: Yeah, she's the new assistant manager of the department.

A: Do you know when the train arrives?
B: It's scheduled to be here at 7 a.m.

A: 저 여자 누구인지 알아?
B: 응, 우리 부서에 새로 온 차장이잖아.

A: 기차가 언제 도착하는지 아세요?
B: 오전 7시에 도착하는 것으로 되어있어요.

'내 생각엔 이렇다'고 부드럽게 말하기

기본패턴문장
I think+주어+동사

「생각하다」라는 의미의 think 역시 둘째가라면 서러워할 기본동사죠. 주어+동사로 이루어진 보통 문장 앞에다 살짝 I think를 얹어놓기만 하면 「…인 것같아」라는 의미가 됩니다.

응용 1 I think ~ 다음에 다양한 문장을 연결시켜 봅시다.

I think **he's wrong**
_절

「걔 말이 틀린 것 같아」라는 의미입니다. 어때요? 그냥 He's wrong(걔 말이 틀려)이라고 딱 잘라 말하는 것보다 훨씬 부드럽죠? 여러가지 문장 앞에 I think를 붙여 자기 의견을 부드럽게 피력해 봅시다.

I think **she's lying**	걔가 거짓말 하고 있는 거 같아.
I think **we're going to be late**	우리 늦을 것 같아.
I think **you'll like it**	네가 맘에 들어할 것 같아.
I think **I must be going now**	지금 가봐야 할 것 같아요.
I ＿＿＿＿＿＿＿＿＿＿	그건 너무 비싼 것 같네요.

정답: think it is too expensive

A: Sammy said he saw a UFO last night.
B: I think he's lying.

A: I think we're going to be late.
B: We've got plenty of time.

A: 새미가 어젯밤에 UFO를 봤다던데.
B: 거짓말인 것 같아.

A: 우리 늦을 거 같아.
B: 시간 충분해.

응용 I don't think~ 다음에 다양한 문장을 연결시켜 봅시다.

2 I don't think **she's pretty**
절

「걔가 예쁘다고 생각하지 않아」라는 의미예요. I think she's not pretty라고 해도 마찬가지 의미이 지만 I don't think ~로 말할 때보다 좀더 강한 느낌을 줍니다.

I don't think **I should do that**	내가 그걸 해야 한다는 생각이 안 들어.
I don't think **it will rain tomorrow**	내일 비가 올 것 같지는 않은데.
I _____	걔는 안 올 것 같아.

정답: don't think she[he] will come

A: Invite him for dinner tonight.
B: I don't think I should do that.

A: I don't think it will rain tomorrow.
B: Have you seen the weather forecast?

A: 오늘 밤에 그 사람한테 저녁 초대를 해.
B: 그래야 한다는 생각 안드는데.

A: 내일 비올 것 같진 않아.
B: 일기예보 봤어?

네 생각은 어떤지 물어보기

기본패턴문형

Do you think+주어+동사~?

날이면 날마다 내 생각이 어떤지만 얘기할 순 없죠. 상대방이 「어떻게 생각하는지」 물어보고 싶을 땐, 알고 싶은 내용 앞에 Do you think만 붙여주면 된답니다.

응용 1 Do you think~ 다음에 다양한 **문장**을 연결시켜 봅시다.

Do you think it's too expensive?
<u>절 (의견을 묻고 싶은 내용)</u>

「너무 비싸다고 생각해?」라는 의미의 표현이에요. 상대방의 생각이 어떤지 확인하고 싶을 때 요긴한 문형입니다.

Do you think **she loves me too?**	걔도 날 사랑하는 것 같니?
Do you think **he's right?**	걔 말이 맞는 것 같니?
Do you think **this color suits me?**	이 색깔이 나한테 어울리는 것 같니?
Do you think **so?**	그렇게 생각해? (상대의 말을 받아)
Do you _____ on time?	
	우리가 이 일을 제시간에 끝낼 수 있을 것 같니?

suit 어울리다

정답: think we can finish it

A: My boss says that I don't work enough.
B: Do you think he's right?

A: Do you think this color suits me?
B: No, you shouldn't buy blue clothing.

A: 상사가 그러는데 내가 일을 충분히 하지 않는대.
B: 상사 말이 맞는 것 같아?

A: 이 색깔, 나한테 어울리는 것 같아?
B: 아니, 파란 옷은 사면 안되겠다.

응용

Don't you think~ 다음에 다양한 문장을 연결시켜 봅시다.

Don't you think **it's a great idea?**

절 (의견을 묻고 싶은 내용)

「좋은 생각같지 않니?」라는 말이죠. 우리말로도 약간 그렇지만 Don't you think ~?로 물어보면 은 연중에 '나는 그렇게 생각하는데 너는 그렇지 않니?' 라는 뉘앙스를 띠게 되죠.

Don't you think **she is pretty?**	걔 예쁜 것 같지 않나?
Don't you think **it looks great?**	멋있어 보이는 것 같지 않나?
Don't you think **she's wrong this time?**	이번엔 걔 말이 틀린 것 같지 않아?
Don't you _____?	걔가 날 이해해줄 것 같지 않아?

정답: think he[she] will understand me

A: I will give her roses, and say I love her.
   Don't you think it's a good idea?
B: Don't you think that is too traditional?

A: Is this your new car?
B: Yes. Don't you think it looks great?

A: 걔한테 장미를 주면서 사랑한다고 말할 거 야. 좋은 생각같지 않니?
B: 그거 너무 구식이라는 생각 안드나?

A: 이거 네 새 차니?
B: 응. 근사해 보이지 않니?

→ 영어회화 지식Box: **Don't you think~?로 물어볼 때의 대답**

「…인 것 같지 않아?」하고 부정문으로 물어보면 대답하기 난처할 때가 많죠. '응 그렇게 생각하지 않아'가 맞는 건지 '아 니 그렇게 생각하지 않아'가 맞는 건지… 영어에서는 무조건 대답이 부정문이면 No, 긍정문이면 Yes를 붙인다고 생각하 세요. 질문이 Don't you think~?가 됐건 Do you think~?가 됐건, 메인문장의 내용에 대해서 「그렇게 생각하지 않는 다」면 No, I don't think so라고 답해야 하고 「그렇게 생각한다」면 Yes, I think so라고 대답해야 하는 거죠. Do[Would] you mind~?(…하면 안될까요?) 역시 직역하면 「제가 …하면 싫으세요?」라는 부정적인 의미가 되므로 대 답에 조심해야 해요. (p.108)

A: Don't you think he's right?
B: Yes, I think so.
   No, I don't think so

A: 걔 말이 맞는 것 같지 않나?
B: 응, 난 걔 말이 맞는 것 같아.
   아니, 난 걔 말이 맞는 것 같지 않아

chapter **10** ● 표현을 더욱 풍부하게 하는 기본동사 모음 169

즐거웠어~

I enjoyed+명사 | ~ing

일부 탕아(?)들이 자신들의 방탕을 '엔조이' 로 부르면서 enjoy가 본의 아닌게 외지에서 고생을 했던 적이 있지요. 실제 영어에서는 음식을 맛있게 먹는 것도, 휴가를 즐겁게 지내는 것도 그리고 직장에서 일을 즐겁게 하는 것도 모두 enjoy라고 표현한답니다.

응용 1

I enjoyed~ 다음에 다양한 **명사**를 넣어봅시다.

I enjoyed **the dinner**
                명사

저녁식사에 초대받아 갔다가 저녁 맛있게 먹고 일어설 때 할 수 있는 말이죠. 「저녁 잘 먹었습니다」라는 의미예요. 그밖에 또 '즐겁게 잘' 할 수 있는 게 뭐가 있는지 알아볼까요?

I enjoyed **my vacation**	휴가를 즐겁게 잘 보냈어요.
I enjoyed **the flight**	비행기 여행은 즐거웠어요.
I enjoyed **your party**	파티 즐거웠어요.
I enjoyed **the game**	시합 즐거웠습니다.
_____	피자 잘 먹었습니다.

정답 | I enjoyed the pizza

이렇게 얘기 해봐요!

A: How was your trip to Hollywood?
B: I enjoyed my vacation but I'm happy to be home.

A: I enjoyed your party.
B: Good. I'm glad you were able to come.

A: 헐리우드 여행갔던 거 어땠어?
B: 휴가는 즐겁게 잘 보냈지만 집에 돌아와서 기뻐.

A: 파티 즐거웠어.
B: 다행이다. 와줘서 기뻐.

I enjoyed~ 다음에 ~ing형태를 넣어봅시다.

I enjoyed **talking to you**
동사의 ~ing형

「당신과 얘기를 나누는 것이 즐거웠습니다」라는 의미죠. 아까 enjoy 다음에 명사가 올 수 있다고 했잖아요. '동명사' 라고 부르는 동사의 ~ing 형태 역시 명사는 명사이므로 enjoy 다음에 올 수 있죠.

I enjoyed **playing poker with you**	함께 포커게임 해서 즐거웠어요.
I enjoyed **swimming in the pool**	수영장에서 수영하는 거 즐거웠어.
_____ **in the Karaoke room**	노래방에서 노래부른 거 즐거웠어요.

정답 : I enjoyed singing

A: I enjoyed playing poker with you.
B: Let's do it again sometime soon.

A: Have you used the pool at the health club?
B: Yep. I enjoyed going swimming in the pool.

A: 함께 포커게임 해서 즐거웠어.
B: 언제 한번 또 포커 하자.

A: 그 헬스클럽 수영장 사용해본 적 있어?
B: 그럼. 그 수영장에서 수영하러 다니는 거 즐거웠지.

I enjoyed myself가 쓰이는 다양한 경우를 알아봅시다.

I enjoyed myself **very much**
enjoy의 목적어

「정말 즐거웠습니다」란 말이에요. 가끔씩은 '파티가 즐거웠다', '식사가 즐거웠다' 라고 하지 않고 그냥 두리뭉실 「즐거웠다」고 말하고 싶은 때가 있죠. 그런데 enjoy 다음에는 뭔가 목적어가 꼭 와줘야 하니까 myself를 목적어로 써준 거예요. '우리' 가 즐거웠다고 하려면 ourselves, '그 사람' 이 즐거웠다고 하려면 himself나 herself를 쓰면 되죠.

I enjoyed myself **at the concert**	콘서트에서 정말 즐거웠어.
I enjoyed myself **when I went to Italy**	이탈리아에 갔을 때 난 정말 즐거웠어.
He _____ **at the beach**	걘 해변에서 즐거운 시간을 보냈는걸.

정답 : enjoyed himself

A: Bert looks really tan.
B: He enjoyed himself at the beach **this summer.**

A: I enjoyed myself at the concert **last night**
B: Which bands were playing?

A: 버트는 살이 꽤 탔네.
B: 올 여름 해변에서 즐겁게 지냈으니까.

A: 어젯밤 콘서트 정말 즐거웠어.
B: 어느 그룹의 공연이었어?

feel? 음... 느낌이 온다, 와

기 본 패 턴 형

feel+형용사 | feel like+~ing

feel은 기분이나 몸 상태, 생각 등을 「느낀다」, 「느껴서 안다」는 의미의 동사입니다. feel 다음에 기분이나 몸 상태 등을 나타내는 '형용사'가 와서 「…한 느낌이 들다」, 「몸 상태가 …하다」라는 의미가 되죠. 이와 비교해서 feel like ~ing는 뭔가를 '먹고 싶거나 하고 싶을 때' 사용하는 표현이지요.

I feel~ 다음에 다양한 형용사를 넣어봅시다.

I feel <u>sick</u>
형용사

「나 아파」라는 말이죠. feel 다음에는 여러가지 다양한 심리적 · 육체적 상태를 나타내는 '형용사'가 오게 됩니다.

I feel **hungry**	배고파.
I feel **tired**	피곤해.
I feel **much better**	(건강 · 컨디션 등이) 훨씬 나아.
I feel **cold**	추워.
I _____	슬퍼.

much 훨씬. (비교급을 꾸며주는 부사)   정답: feel sad

A: I feel hungry. **Let's eat.**
B: Do you want to grab some snacks?

A: I heard that you had been sick.
B: I was, but I feel much better now.

A: 배가 고파. 우리 뭐 좀 먹자.
B: 간식 좀 먹을까?

A: 너 아팠다고 들었는데.
B: 그랬는데 지금은 훨씬 나아졌어.

I feel like~ 다음에 다양한 ~ing 형태를 넣어봅시다.

I feel like **having a cup of coffee**

~ing(동명사)　　　　동명사의 목적어(명사)

「커피 한잔 마시고 싶어」라는 말입니다. feel like ~ing는 「…를 먹고 싶다」혹은 「…를 하고 싶다」는
의미지요. ~ing 자리에 다양하게 동사를 바꾸어 가면서 자신이 무엇을 하고 싶은지 표현해봐요.

I feel like **taking a shower**	샤워하고 싶어.
I feel like **drinking a cold beer**	시원한 맥주 마시고 싶다.
I _____ **for a while**	잠깐 잠을 자고 싶어.

take a shower 샤워하다　　　　　　　　　　　　　　　　　정답: feel like sleeping

A: Do you want to go out?　　　　　　　　A: 나갈래?
B: Later. I feel like taking a shower first.　　B: 나중에. 먼저 샤워부터 하고 싶어.

A: I feel like drinking a cold beer.　　　　　A: 시원한 맥주 한잔 하고 싶다.
B: There are a few in the fridge. Help yourself.　B: 냉장고에 몇 개 있어. 맘껏 갖다 먹어.

I don't feel like~ 다음에 다양한 ~ing 형태를 넣어봅시다.

I don't feel like **going out today**

~ing(동명사)

「오늘은 나가고 싶지 않아」라는 의미죠. go out은 「외출하다」라는 의미의 동사구니까 한덩어리로
외워두세요. 위의 I feel like ~ing의 부정문 형태인 「…하고 싶지 않다」는 의미의 I don't feel like
~ing 문형을 연습해보기로 하죠.

I don't feel like **doing anything**	아무 것도 하고 싶지 않아.
I _____ **right now**	지금은 잠을 자고 싶지 않아.

정답: don't feel like sleeping

A: It's time to go to bed.　　　　　　　　　A: 잠자리에 들 시간이야.
B: I don't feel like sleeping right now.　　　B: 지금은 잠을 자고 싶지 않아.

A: I don't feel like doing anything today.　　A: 오늘은 아무 것도 하기가 싫어.
B: Come on, don't be so lazy.　　　　　　　B: 왜 이래, 그렇게 게으르게 살지 마.

강렬하게 원할 땐 need로 표현해봐

need + 명사 | to + 동사

need는 「필요하다」라는 의미로 유명한 동사죠. 그런데 꼭 「필요하다」라는 뜻에 얽매여 그 편견에 사로잡혀서는 need를 제대로 사용할 수 없습니다. '너무너무 강렬하게 먹고 싶거 나 갖고 싶은 것, 반드시 해야 하는 것'을 표현할 때도 need를 쓰기 때문입니다.

응용 I need~ 다음에 다양한 명사를 넣어봅시다.

1 I need **your help**
명사

「네 도움이 필요해」, 「네가 꼭 도와줘야 돼」라는 의미입니다. need 다음에 여러 가지 꼭 가졌으면 하 는 것, 꼭 했으면 하는 일들을 뜻하는 명사를 넣어볼까요?

I need **some medicine**	약을 좀 먹어야겠어.
I need **some rest**	좀 쉬어야겠어.
I need **more exercise**	난 운동을 좀더 해야 돼.
I need **more time to decide**	결정하려면 시간이 좀더 있어야 돼요.
I _____	조언 좀 해줘.

medicine 약 | rest 휴식 | exercise 운동   정답 : need your advice

이렇게 얘기 해봐요!

A: I have a severe headache and I need some medicine.
B: Do you want Tylenol or aspirin?

A: You seem to be getting a little fat.
B: I know. I need more exercise.

A: 두통이 심해. 약을 좀 먹어야겠어.
B: 타이레놀이나 아스피린 줄까?

A: 너 조금씩 살이 붙고 있는 것 같다.
B: 맞아. 운동을 좀더 해야 돼.

I need~ 다음에 다양한 to부정사를 넣어봅시다.

I need **to think about it**

to+동사원형

「거기에 대해 생각 좀 해봐야겠어」라는 의미입니다. **I need to**+동사원형의 형태로 「…해야 한다」는 의미를 나타내죠.

I need **to lie down**	나 좀 누워야겠다.
I need **to go to see a doctor**	의사한테 가봐야겠어.
We need **to talk**	우리 얘기 좀 해.
I ＿＿＿＿＿＿**your phone**	네 전화 좀 빌려야 되겠어.

lie down 눕다, 자다   go to see a doctor 의사에게 가보다, 병원에 가다   정답: need to borrow

A: What do you think about my proposal?
B: We need to talk about that.

A: You look terrible today.
B: I'm not feeling well. I need to lie down.

A: 내 제안에 대해 어떻게 생각해?
B: 거기에 대해 얘기 좀 해야 되겠어.

A: 거기에 대해 얘기 좀 해야 되겠어.
B: 몸이 별로 좋지 않아. 좀 누워야겠어.

I don't need~ 다음에 다양한 to부정사를 넣어봅시다.

I don't need **to tell her**

to+동사원형

「내가 걔한테 말해야 할 것까진 없잖아」, 「말 안해도 되는 거잖아」라는 의미예요. **I don't need** 다음에 **to**+동사원형을 넣어서 「반드시 …하지는 않아도 된다」는 의미의 문장을 만들어 봅시다.

I don't need **to pay for it**	내가 그 비용을 지불할 것까진 없잖아.
You don't need **to know**	넌 몰라도 돼.
You ＿＿＿＿＿＿ **right now**	지금 당장 결정하지 않아도 돼.

pay for …에 대한 비용을 지불하다.   정답: don't need to decide

A: What did you talk to Gail about?
B: It's private. You don't need to know.

A: I'm not sure what I want to study.
B: You don't need to decide right now.

A: 게일하고 무슨 얘기 했어?
B: 개인적인 거야. 넌 몰라도 돼.

A: 뭘 공부하고 싶은 건지 잘 모르겠어.
B: 지금 당장 결정하지 않아도 돼.

나는 I hope~로 소망한다

기 본 배 대 문 형

I hope+주어+동사

hope는 앞으로 일어날 일에 대해서 「…하면 좋겠다」, 「…하기를 바란다」는 의미예요. 뒤
에는 앞으로 일어났으면 하는 일을 주어·동사가 갖춰진 문장의 형태로 나타내죠. hope
뒤에 오는 문장에는 '미래'를 나타내는 조동사 will을 쓰기도 하지만, 어차피 hope에 '앞
으로의 일을 소망한다'는 뉘앙스가 들어있으므로 동사의 현재형만으로도 충분하답니다.

I hope~ 다음에 다양한 현재, 혹은 미래형 문장을 만들어 넣어봅시다.

I hope she likes my present
　　　　　주어　　주어 동사의 현재형 (혹은 미래형)

「걔가 내 선물 맘에 들어했으면 좋겠다」는 말입니다. 미래형 시제를 써서 I hope she "will" like
my present라 해도 되지요.

I hope **you** have **fun on your vacation**	휴가 즐겁게 지내길 바래요.
I hope **he** will come	걔가 왔으면 좋겠어.
I hope **it** will be **nice tomorrow**	내일 날씨가 맑았으면 좋겠어.
I hope **so**	나도 그랬으면 좋겠어. (상대의 말을 그대로 받아서)
＿＿＿＿＿＿＿ this game	이 경기에서 우리가 이겼으면 좋겠어.

have fun 즐거운 시간을 보내다　　　　　　　　　　　　　　　　정답: I hope we (will) win

A. I invited Jerry to our wedding.
B: That's great! I hope he will come.

A: I hope it will be nice tomorrow.
B: Are you planning an outdoor activity?

A: 제리를 우리 결혼식에 초대했어.
B: 잘했어! 걔가 오면 좋겠다.

A: 내일 날씨가 좋았으면 좋겠다.
B: 야외에서 뭔가 하려고 계획 중이니?

I hope~ 다음에 다양한 부정문을 만들어 넣어봅시다.

I hope I'm not late again
부정문

「제가 또 늦은 게 아니라면 좋겠는데요」라는 의미입니다. 앞서 I think~의 경우와는 달리, I hope~는 '뒷문장을 부정문으로' 만드는 것이 일반적입니다.

I hope **I don't have to wait too long**	너무 오래 기다려야 하는 게 아니라면 좋겠어.
I hope **it won't be too long**	너무 오래 걸리지 않았으면 좋겠어.
I hope _____	걔가 그러지 않았으면 좋겠는데.

won't will not의 축약형

정답: she[he] doesn't do that(또는~ she won't do that)

A: You have a medical appointment today.
B: I hope I don't have to wait too long.

A: 오늘 병원 예약이 되어있지.
B: 너무 오래 기다려야 하는 게 아니라면 좋겠는데.

A: The ceremony will begin at 2:00 p.m.
B: I hope it won't be too long.

A: 식은 오후 2시에 시작됩니다.
B: 너무 오래 걸리지 않았으면 좋겠네요.

I hope~ 다음에 다양한 과거형 문장을 만들어 넣어봅시다.

I hope I didn't wake you up
과거형 문장

이른 아침에 전화라도 걸었나보죠? 「내가 널 '깨운' 게 아니라면 좋겠는데」라는 의미입니다. I hope 다음에 과거형 문장을 써서 이미 해놓은 혹은 벌어진 일에 대한 소망을 말하기도 합니다. 위 문장처럼 자신의 행동에 대해 양해를 구하고자 할 때 많이 쓰죠.

I hope **you took a lot of pictures**	사진을 많이 찍은 거라면 좋겠는데.
I hope **she didn't lose too much**	걔가 너무 많이 잃지는 않은 거라면 좋겠는데.

take a picture 사진을 찍다

A: Thailand was an amazing place.
B: I hope you took a lot of pictures.

A: 태국은 광장한 곳이었어.
B: 사진을 많이 찍은 거면 좋겠는데.

A: Andrea lost money in the stock market last week.
B: I hope she didn't lose too much.

A: 앤드리아가 지난 주에 주식에서 돈을 잃었다는군.
B: 너무 많이 잃은 게 아니라면 좋겠는데.

wonder로 궁금해하기

기 본 때 대 문 형

I wonder＋명사절

확실하지가 않아서 이것저것 추측해볼 때 자주 쓰이는 동사가 바로 wonder죠. I wonder 뒤에는 여러가지 명사절이 와요. 이제까지 앞에서 꽤 등장했던 '의문사＋주어＋동사' 형태의 명사절 말고도 'if＋주어＋동사' (…인지 아닌지)의 형태 역시 명사절로 쓰일 수 있다는 것, 알아두세요.

응용 **1** — I wonder~ 다음에 의문사를 이용한 명사절을 넣어봅시다.

I wonder **who they are**

의문사로 시작하는 명사절

「그 사람들이 누굴까 (궁금해)」라는 말입니다. I wonder 뒤에는 이렇게 '의문사＋주어＋동사' (의문사가 동사의 목적어가 되는 경우), 혹은 '의문사＋동사' (의문사가 동사의 주어가 되는 경우) 형태의 명사절이 와서 「…인지 궁금하다」는 의미를 나타낼 수 있습니다.

I wonder **where Joe is now**	조는 지금 어디 있을까.
I wonder **what happened**	무슨 일이 일어난 건지 궁금해.
I wonder **how many people will come**	사람들이 얼마나 올지 궁금하군.
I wonder ＿＿＿＿＿＿＿＿＿＿＿	왜 걔는 나한테 말하지 않았을까.

정답 : why she[he] didn't tell me

이렇게 얘기 해봐요!

A: Look at those funny costumes.
　I wonder who they are.
B: I think they are high school drama students.

A: I'm going to throw a party this Friday.
B: We have a test on Monday.
　I wonder how many people will come.

A: 저 우스운 의상들 좀 봐. 쟤들이 누굴까 궁금하네.
B: 고등학교 연극반 애들이겠지.

A: 요번 주 금요일에 파티를 열 거야.
B: 월요일에 시험이 있잖아. 몇명이나 올지 모르겠네.

178

응용 **2**　I wonder~ 다음에 if로 시작하는 명사절을 넣어봅시다.

I wonder if **I did the right thing**
if로 시작하는 명사절

「내가 과연 옳은 일(the right thing)을 한 것인지, 알쏭달쏭 하다」는 말이죠. I wonder 뒤에 `if + 주어+동사`' 형태의 명사절이 오면 「…인지 (아닌지) 모르겠다」는 말이 됩니다.

I wonder if **he knows something**　　　　걔가 뭔가 알고 있는 걸까.
I wonder if **she had a good time**　　　　걔가 즐겁게 지냈는지 모르겠네.
I wonder ＿＿＿＿＿＿＿＿＿＿＿＿＿　　그게 정말 맘에 드는지 모르겠네.

have a good time 즐거운 시간을 보내다　　　　　　　　　정답: if you really like it

---

A: Sandy is back from her date.　　　　A: 샌디가 데이트 하고 돌아왔어.
B: I wonder if she had a good time.　　B: 즐거운 시간 보냈는지 모르겠네.

A: I wonder if I did the right thing.　　A: 내가 옳은 일을 한 건지 모르겠네.
B: I'm sure you did.　　　　　　　　B: 분명 잘 한 거야.

응용 **3**　I was wondering~ 다음에 if+주어+could+동사 형태의 절을 넣어봅시다.

I was wondering if **you could** help me
if + 주어+could+동사원형

I was wondering if you could...는 「당신이 …해줄 수 있는지 모르겠네요」, 즉 「…좀 해주시겠어요?」 하고 남에게 정중하게 부탁할 때 쓰는 표현입니다. 모양은 I was wondering~으로 과거의 형태이지만, '현재' 해줄 수 있는지 물어보고 있는 것이죠. 그래서 위 문장은 「도와주시겠어요?」라는 의미입니다. 그냥 I wonder if you could...의 형태로도 사용하죠.

I was wondering if **you could pick Andy up**
　　　　　　　　　　　　　　　　　앤디를 차로 데리러 가주실 수 있으세요?
I was wondering if **you could give me a ride**　저 좀 태워주시겠어요?
I was wondering ＿＿＿＿＿＿＿＿＿＿　당신 차를 좀 써도 될른지요?

pick+사람+up …를 차로 마중나가다　give+사람+a ride …를 차에 태워주다　　　정답: if I could use your car

---

A: I was wondering if you could pick Robin up.　A: 로빈을 데리러 가줄 수 있니?
B: Where is he right now?　　　　　　　　　　B: 걔가 지금 어디 있는데?

A: How do you plan to go to school?　　　　　A: 어떻게 등교하려고 해?
B: I was wondering if I could use your car.　　B: 네 차를 좀 써도 될른지 모르겠네.

예전에 그랬다구

I used to+동사

'used to+동사원형'은 일상생활에서 빈도높게 쓰이는 표현으로, 「예전에 정기적으로 (regularly) 무언가를 했다」는 의미입니다. 조심할 것은 주어 다음에 바로 used가 나온다는 거예요. 참고로 '과거의 불규칙적인 습관'을 표현하려면 조동사 would를 사용하면 됩니다.

응용 **1**

used to~ 다음에 다양한 동사를 넣어봅시다.

I used to **go there**
동사원형

「예전에 거기 다녔다」는 말입니다. be 동사 없이 바로 쓴다는 데 주의하세요. '주어+used to+동사원형'은 「예전에 …했다」라는 의미지만 '주어+ "be" used to+명사(혹은 명사 상당어구)'은 「…에[…하는 데]익숙해져 있다」라는 전혀 다른 뜻이 되니까요.

I used to **jog every day**	예전에 매일 조깅을 했죠.
She used to **be his wife**	그 여잔 예전에 그 사람 부인이었어.
They used to **work together**	그 사람들은 예전에 같이 일했었어.
He _____ **with Tim**	걘 예전에 팀하고 야구를 하고 놀았지.

정답: used to play baseball

A: I used to jog every day.
B: That's very healthy. Why did you stop?

A: Does Tim know Jennifer very well?
B: Sure. They used to work together.

A: 예전에는 매일 조깅을 했지.
B: 그거 굉장히 건강에 좋지. 왜 그만둔 거야?

A: 팀은 제니퍼하고 아주 친해?
B: 그럼. 두 사람은 예전에 함께 일했었는걸.

look, 겉으로 보이는 모습을 말할 때

기본패턴유형

You look+형용사

look은 「보다」라는 능동적인 의미를 갖는 동사로 잘 알려져 있지만, 「…하게 보이다」라는
의미 역시 가지고 있습니다. 「…하게 보이다」, 「…인 것 같다」라는 의미로 쓰일 때는 뒤에
형용사가 오죠.

응용

1

look 다음에 다양한 형용사를 넣어봅시다.

You look **great**

형용사

「너 근사하다」, 「근사해 보인다」라는 말입니다. look 다음에는 주어의 상태를 나타내는 여러가지 형
용사들이 올 수 있지요.

He looks **tired today**	걔 오늘 피곤해 보이는데.
She looks **young for her age**	걘 나이에 비해 어려 보여.
You look **angry**	화가 난 것 같구나.
You _____	굉장히 즐거워 보이는구나.

tired 지친, 피곤한

정답: look very happy

A: A lot of women envy her beauty.
B: That's because she looks young for her age.

A: He looks tired today.
B: He was out drinking with his friends all night.

A: 그 여자 미모를 부러워하는 여자들이 많아.
B: 나이에 비해 어려보여서 그런 거지.

A: 오늘 걔 피곤해보여.
B: 친구들하고 나가서 밤새 술마셨대.

mean, 제대로 알아들었나 확인사살

기 본 패 턴 문 형

(Do) You mean + 명사 | 명사절?

mean은 「의미하다」라는 의미의 동사로, (Do) You mean~?이라고 하면 「…라는 말이 죠?」라고 상대의 말을 제대로 이해했는지 확인사살 할 때 쓰는 표현입니다. 보통 조동사 Do를 생략하고 You mean~의 평서문 형태로 쓰는데, 문장 끝을 약간 올려 의문문을 만드는 경우이지요.

You mean~ 다음에 다양한 명사를 넣어봅시다.

You mean <u>the girl</u> <u>next door</u>?
명사   명사의 수식어구

「이웃집 여자애 얘길 하는 거지?」, 「이웃집 여자애 말이야?」라는 의미입니다. 이렇게 (Do) You mean~ 다음에 「명사」가 오면 「지금 …에 대한 얘길 하는 거지?」라고 확인하는 표현이 되죠.

You mean **the red one?**	빨간 것 말이야?
You mean **the new secretary?**	새로 온 비서 말하는 거야?
You mean **the guy with blond hair?**	금발머리 남자 말하는 거야?
_____?	창가의 저 고양이 말이야?

정답: You mean the cat beside the window

A: You should wear that shirt to work today.
B: You mean the red one?

A: The man sitting over there is my boss.
B: You mean the guy with blond hair?

A: 오늘 저 셔츠 입고 출근해.
B: 빨간 셔츠 말이야?

A: 저기 앉아 있는 사람이 우리 상사야.
B: 금발머리 남자 말이야?

You mean **you don't want to go?**
주어   동사(부정형)

「그러니까 네 말은 가고 싶지 않다는 거지?」라는 의미입니다. 이렇게 (Do) You mean~ 다음에는 '(that)＋주어＋동사'로 이루어진 명사절이 올 수 있죠.

You mean **he got fired?**	걔가 해고됐단 말이야?
You mean **she's married?**	그 여자가 유부녀란 말이야?
_____ **her everything?**	너 걔한테 다 얘기했단 말이야?

get fired 해고되다(＝be fired)   정답: You mean you told

A: Our manager told Ted that he had to leave.   A: 매니저가 테드에게 그만두라고 했대.
B: You mean he got fired?   B: 테드가 해고당했단 말이야?

A: Sorry, but you won't be able to date her.   A: 안됐지만 넌 걔하고 데이트 못할 거야.
B: You mean she's married?   B: 걔가 유부녀란 뜻이야?

I mean **I'm in love**
명사절

「그러니까 내 말은 내가 사랑에 빠졌다구」라는 말이죠. I mean~은 의문문이 아니에요. 내가 한 말을 상대에게 확인시켜 주는 거죠. 뒤에는 「(that)＋주어＋동사」 형태의 명사절이 와요.

I mean **I have no idea**	내 말은, 모르겠다고.
I mean **he's a workaholic**	내 얘긴 걔가 너무 일만 한단 말이지.
I mean _____	그러니까, 그 여자애가 예쁘다고.

have no idea 모른다 | **workaholic** 일만 하는 사람, 일 중독자   정답: she's cute (또는 pretty)

A: I don't understand what you're saying.   A: 무슨 얘기 하는 건지 모르겠어.
B: I mean I want you to help me.   B: 그러니까 내 말은, 네가 도와줬으면 한다고.

A: Don't try to take care of me. I mean, I'm okay.   A: 날 돌봐주려 애쓰지 마. 난 괜찮다니까.
B: Are you sure you're okay?   B: 정말 괜찮아?

11

간단하게 할 수 있는 말은 어렵게 할 필요 없다

생략법

Thank you나 Excuse me와 같은 기본 인사치레
표현들은 주어를 생략한 말이죠. 이렇게 관용적으로
주어를 생략한 표현들을 비롯하여, 주어나 심지어 동사까지도
다 생략해버리고 필요한 말만 하는 경우를
알아보기로 해요.

Thank you뿐만이 아닌 고마움의 표현들

기른배대운형
Thank you

「고맙다」는 말을 아끼지 않으려면 제대로 쓸 줄 알아야겠죠? 'Thank you 쯤이야' 하고 생각하지 말고 다시 한번 짚고 넘어가자구요.

Thank you와 관련된 여러 가지 표현들을 알아봅시다.

Thanks a lot
부사

Thanks는 Thank you보다 좀더 친근한 느낌을 주죠. 또한 '그냥' 고마운 게 아니라 '정말' 고맙다고 강조하려면 뒤에 부사를 붙여요. Thanks a lot, Thank you so much 등이 가장 일반적인 형태입니다.

Thank you so much	정말 고마워요.
I appreciate that	감사합니다.
I don't know how to thank you	뭐라고 감사해야 할지 모르겠어요.
It's very nice of you	고마워요(참 친절하시네요).
It's so sweet	고맙기도 해라. (주로 여성이 사용)

A: Here are the papers you requested.
B: Thanks so much.

A: I don't know how to thank you.
B: Don't worry, I was happy to help.

A: 요청하신 서류들 여기 있어요.
B: 정말 고마워요.

A: 뭐라고 감사드려야 할지 모르겠네요.
B: 신경쓰지 말아요. 돕게 되어 기뻤어요.

Thank you for calling
명사 (or ~ing)

「전화해줘서 고마워」라는 의미입니다. 이렇게 뭐가 감사한지를 Thank you 뒤에 for+명사 혹은 for+~ing의 형태로 나타내요. 물론 Thank you 대신 Thanks를 써도 됩니다.

Thank you for **your help**	도움 감사해요.
Thank you for **the ride**	태워다 줘서 고마워요.
Thank you for **understanding**	이해해줘서 고마워요.
_____	선물 고마워.

ride (차·말 등의 탈 것을) 타는 것   정답: Thank you for the present.

A: Thank you for the great meal.   A: 맛있는 식사, 고마워요.
B: I'm glad you enjoyed it.   B: 맛있게 드셨다니 기뻐요.

A: Thank you for the ride.   A: 태워다 줘서 고마워요.
B: You're welcome, I was going this way anyway.   B: 천만에요, 어차피 이 길로 갈 거였어요.

I appreciate that
명사

appreciate 역시 고마움을 나타내는 표현인데요, I appreciate+명사의 형태로 「…가 고맙다」는 의미를 나타내죠. 'I would appreciate it if+주어+동사'의 형태로 앞으로의 일에 대해 「…해주시면 고맙겠어요」라는 표현도 할 수 있습니다.

I appreciate the suggestion	제안해주신 것 감사합니다.
I'd appreciate it if you would let me know	알려주시면 고맙겠어요.
_____	도움 감사해요.

let me know 내게 알려줘요   정답: I appreciate your help.

A: Don't worry. I'll get it done for you.   A: 걱정마. 널 위해 해낼테니까 말야.
B: I appreciate your help.   B: 도와줘서 고마워.

실례합니다~

기본패대문형

Excuse me

Excuse me는 우리말 「실례합니다」에 해당하는 표현입니다. 상대의 주의를 끌거나 가벼운 실례를 범했을 때 사용하는 표현이죠. 같은 의미의 표현으로는 Pardon me, I beg your pardon 등이 있으며, 가벼운 잘못의 경우에는 I'm sorry 역시 사용할 수 있습니다.

응용 1

Excuse me 다음에 다양한 문장을 이어서 말해봅시다.

Excuse me. Can I talk to you?

「실례지만 잠깐 얘기 좀 할까요?」라는 말이죠. Excuse me는 이처럼 말을 걸기 전에 상대의 주의를 끌고자 할 때, 발을 밟거나 부딪치는 등의 사소한 실례를 범했을 때, 혹은 잠깐 자리를 뜰 때 쓰는 표현입니다.

Oh, Excuse me. I stepped on your foot	어머, 미안해요. 발을 밟았네요.
Excuse me for a second. I'll be right back	잠깐 실례해요. 곧 돌아올게요.
Excuse me, coming through	실례지만 지나갈게요.
Excuse me. Is this the way to the airport?	실례해요. 이 길, 공항가는 길 맞나요?
Excuse me. Where can I buy stamps?	실례해요. 우표는 어디서 사야 되죠?

step on …을 밟다   **for a second** 잠시(=for a minute)   **be back** 돌아오다

A: Excuse me for a second. I'll be right back.
B: Take your time.

A: 잠깐 실례할게. 곧 돌아올 거야.
B: 천천히 갔다 와.

A: Excuse me. Where can I buy stamps?
B: There's a post office around the corner.

A: 실례지만 우표는 어디서 사야 되죠?
B: 길모퉁이에 우체국이 있어요.

188

응용 Excuse me는 「실례합니다」 말고도 다음과 같은 의미가 있습니다.

Excuse me?

Excuse me?의 끝부분을 올려 의문문의 억양을 띠면 「뭐라고 하셨죠?」, 「실례지만 다시 한번 말해줄래요?」라는 의미랍니다. 이런 경우에 쓸 수 있는 말로는 Excuse me? 외에도 I'm sorry?, I beg your pardon?, Pardon me?, Come again? 등이 있죠.

A: Hey, what are you doing in my office?
B: Excuse me?

A: Excuse me?
B: I said, please call me after 6.

A: 야, 내 사무실에서 뭐 하는 거야?
B: 뭐라구?

A: 뭐라고 하셨죠?
B: 6시 이후에 전화해달라고요.

응용 excuse가 들어간 다양한 표현들을 알아봅시다.

Please excuse us

excuse가 들어간 표현은 Excuse me밖에 없을 거라는 편견을 버려요~. excuse 다음에 me가 아니라 us가 나온 위의 표현은 「잠깐 자리 좀 비켜주세요」 혹은 「우리 실례 좀 할게요」란 뜻으로, 여럿이 얘기하다가 무리 중 특정인과 다른 얘기를 나누고자 할 때 혹은 함께 자리를 뜰 때에 사용하는 표현입니다. 그밖에 excuse를 써서 양해를 구하는 다양한 표현들은 다음과 같습니다.

Please excuse my bad handwriting
글씨를 못 썼는데, 양해해 주세요.

Please excuse my broken English
영어가 서툴러도 이해해 주세요.

Please excuse Lisa for being absent
리사가 결석하게 되어 죄송합니다. (학부모가 학교측에)

handwriting 필적, 필체 **broken English** 서투른 영어 **absent** 결석의, 결근의

A: I'm sorry, I can't understand what you said.
B: Please excuse my broken English.

A: Please excuse us for a moment.
B: Of course. You can call me if you're ready.

A: 미안하지만 무슨 말인지 모르겠어.
B: 영어가 서툴러서 그러는데 이해해 줘.

A: 잠깐 자리 좀 비켜주세요.
B: 그러죠. 준비가 되면 부르세요.

Just, 다른 것 말고 그것만

Just+명사

just는 원어민들의 대화 속에서 툭하면 튀어나오는 단어죠. 부사로 형용사로, 여러가지 의미를 지니고 있기 때문에 just하면 '아~ 이런 뜻' 하고 떠오르는 의미가 분명하진 않게 되죠. 보통 동사를 수식해서 「지금 막」, 「겨우」, 「그냥」 등의 의미로도 많이 쓰이지만, 여기서는 주어·동사 없이 'Just + 명사'의 형태로 범위를 제한하는 표현만을 살펴보기로 해요.

응용 Just~ 다음에 다양한 명사를 넣어봅시다.

Just **cream, please**
　　　　명사

cream은 우리가 흔히 커피에 넣어 마시는 '프림'의 올바른 말이죠. '프림'은 cream의 한 상표명이 변형되어 굳어진 표현이구요. 그래서 이 말은 「(커피에) 프림만 넣어주세요」라는 의미가 됩니다. Just가 「다른 것 말고 그것만」이라는 의미를 띠는 거죠.

Just a moment	잠시만.
Just one night	딱 하룻밤만.
Just myself	저 혼자만요.
Just a little	조금만.

A: Do you miss your ex-girlfriend much?
B: Just a little. I think about her sometimes.

A: Let's go. We'll be late.
B: Just a moment. I have to finish my make-up.

A: 옛날 여자친구가 많이 그리워?
B: 그냥 조금. 가끔 걔 생각을 할 때가 있지.

A: 가자. 늦겠어.
B: 잠시만. 화장은 다 해야지.

'오늘도 좋은 하루 되라'는 인사는 어떻게 하지?

기본패턴응용형
Have a nice + 명사

Have a nice day!(좋은 하루 되기를)라든가 Have a nice trip!(즐거운 여행 되기를) 등과
같이, 'Have a nice + 명사'의 형태로 가볍게 인사를 나눌 수 있습니다.

응용 1

Have a nice~ 다음에 다양한 명사를 넣어봅시다.

Have a nice **day!**
명사

앞에 주어 You가 생략된 명령문의 형태로, 「좋은 하루를 가져라」, 즉 「오늘도 좋은 하루 되라」고 기
원해주는 인사말입니다.

Have a nice **time**	즐거운 시간 보내.
Have a nice **vacation**	휴가 즐겁게 보내.
Have a nice **flight**	비행기 여행이 즐거우시길.
Have a nice **trip**	즐거운 여행 되기를.
Have a _____	즐거운 주말 보내.

정답: nice weekend

A: I'm flying to L.A. next Saturday.
B: That sounds exciting. Have a nice trip.

A: Have a nice vacation.
B: Thanks. I'm planning to spend a lot of time
on the beach.

A: 나 다음 주 토요일에 비행기 타고 LA에 가.
B: 신나겠구나. 즐거운 여행 되길 바래.

A: 휴가 즐겁게 보내.
B: 고마워. 해변에서 실컷 있으려고 해.

갈때 가더라도 작별인사는 제대로

See you + 부사(구)

친한 친구, 가까운 직장동료와 헤어질 때 오로지 Bye만으로 인사하고 계시다구요? 같은
의미의 작별인사 표현인 See you(또 봐)도 이용해보세요. See you 뒤에 여러가지 시간을
나타내는 부사 혹은 부사구를 붙여서 '언제' 또 보자는 구체적인 인사까지도 가능하다니
까요.

응용 **1** See you~ 다음에 다양한 부사 또는 부사구를 넣어봅시다.

See you later
부사

「나중에(later) 또봐」라는 인사입니다. See you 다음에는 이렇게 later처럼 시간을 나타내는 부사
나 '전치사+시간, 요일, 날짜」로 이루어진 부사구를 붙여 「…에 또 보자」고 인사할 수 있어요.

See you **soon**	곧 또 보자.
See you **on Monday**	월요일날 봐.
See you **next Friday**	다음 주 금요일에 봅시다.
See you **at 7**	그럼 7시에 보자.
See you **then**	그럼 그때 보자. (다시 만날 때가 정해져 있을 때)
_____	내일 봐.

정답: See you tomorrow

A: I'm finished. See you on Monday.
B: Thanks, Tracey. Have a great weekend.

A: I enjoyed having dinner with you.
B: Let's do it again sometime. See you soon.

A: 제 일은 끝났어요. 월요일날 뵈요.
B: 수고했어요, 트레이시. 즐거운 주말 보내요.

A: 함께 저녁 먹어서 즐거웠어.
B: 언제 또 식사 같이 하자구. 곧 또 봐.

Good을 이용해 기분좋은 말 해주기

기본패턴문형
Good+명사

「행운을 빈다!」라든가 「정말 잘했어」 등등의 따뜻한 말 한마디가 듣는 사람의 기분을 얼마나 'up' 시켜주는지, 다들 아시죠? Good을 이용한 기분좋은 표현들을 남김없이 익혀서 아낌없이 써보자구요.

 응용 1 Good+명사 형태의 다양한 인사말을 알아봅시다.

Good luck!
명사

「행운을 빌어!」라는 의미죠. 영어공부의 시작이라 할 수 있는 인사말 Good morning이나 Good afternoon 역시 이와 같은 Good+명사의 형태예요. Good+명사 형태는 아니지만 「잘됐다!」, 「잘했어!」란 의미의 Good for you!도 덤으로 알아두세요.

Good **job**!	잘했어!
Good **presentation**!	발표회 아주 좋았어!
Good **idea**!	좋은 생각이야!
Good **point**!	좋은 지적이야! (바로 그거야)
Good **for you**!	참 잘됐다!, 잘했어!

presentation (기업 내부, 혹은 기업간의) 설명회, 발표회

 이렇게 얘기해봐요!

A: I'm going to get the DVD of *Troy* as a present for him.
B: Good idea!

A: 개한테 선물로 『트로이』 DVD를 사주려고.
B: 좋은 생각이다!

A: I got the highest grade on the exam.
B: Good for you!

A: 시험에서 제일 높은 점수를 받았어.
B: 잘했어!

때와 장소에 맞는 축하인사들

기 본 패 턴 응 용 형
Happy+특별한 날

우리말 인사만큼 자연스럽게 사용하는 Happy birthday!(생일 축하해)와 같이 'Happy+특별한 날'의 형태로 각 행사(?)에 어울리는 축하인사를 만들 수 있습니다. Congratulations!(축하해) 역시 빼놓을 수 없는 축하인사로, 'Congratulations on+축하할 만한 일'의 형태로 말할 수 있죠.

응용 1 Happy~ 다음에 다양한 특별한 날을 넣어 말해봅시다.

Happy <u>birthday</u>!
　　　　　　특별한 날

「생일 축하해」라는 말이죠. Happy 다음에 여러 가지 특별한 날을 집어넣어서 축하인사를 만들 수 있어요. 참, 그런데 Christmas는 Happy보다는 Merry와 함께 쓰인다는 거 아시죠?

Happy **New Year!**	행복한 새해 되길!
Happy **Valentine's Day!**	행복한 발렌타인 데이 되세요!
Happy **Easter!**	부활절 축하해요!
Happy **Thanksgiving!**	추수감사절 축하해요!
Happy **anniversary!**	결혼기념일 축하해요!

Easter 부활절 ┃ **Thanksgiving (day)** 추수감사절 ┃ **anniversary** 기념일. 주로 결혼기념일

A: Happy New Year!
B: Let's hope we all have a wonderful year.
A: Why did you buy me this gift?
B: Happy anniversary. Did you forget?

A: 행복한 새해 되길!
B: 우리 모두 멋진 한 해 되길 바래.
A: 왜 선물은 사주고 그래?
B: 결혼기념일 축하해. 잊었어?

194

Congratulations on **your wedding!**

기념할 만한 행사(기념일)

「결혼을 축하해!」라는 말이 되겠네요. 이처럼 Congratulations on 다음에 기념할 만한 일을 구체적으로 언급할 수 있답니다. 물론 Congratulations!만으로도 훌륭한 축하인사인데요, 항상 복수의 형태로 끝에 -s가 붙는다는 거, 잊지 마세요!

Congratulations on **your graduation!**	졸업 축하해!
Congratulations on **your promotion!**	승진 축하해!
Congratulations on **having a baby!**	아기 가진 것(낳은 것) 축하해!
Congratulations on **passing your exam!**	시험에 합격한 것 축하해!

graduation 졸업 promotion 승진 pass an exam 시험을 통과하다(합격하다)

A: Congratulations on your graduation!
B: I'm so happy to be finished with school.

A: They made me a vice president of
   the company.
B: Congratulations on your promotion!

A: 졸업 축하해!
B: 학교 과정이 다 끝나서 너무 기뻐.

A: 회사에서 내게 부사장 직을 맡겼어.
B: 승진 축하해!

No와 Not 활용해서 간단히 말하기

기 본 패 턴 문 형
No+명사 | Not+형용사 | 부사

「전혀 …가 아니다」, 「…하지 않다」는 말을 하고 싶을 때 No와 Not을 이용해 간단하게 표현할 수 있습니다. 기억해야 할 것은 No와 「명사」, Not과 「형용사·부사」가 옳은 짝이라는 것이죠. 굳이 품사를 따지자면 no는 형용사이고 not은 부사거든요. 형용사인 no가 수식할 수 있는 것은 명사, 부사인 not이 수식할 수 있는 것은 형용사나 부사. 이 정도면 이해하는 데 도움이 될까요?

 응용 1

No~ 다음에 다양한 명사를 넣어봅시다.

No problem
　　　명사

도와줘서 고맙다든가 하는 인사를 들었을 때 「별거아냐」라고 하는 답변이죠. 이렇게 No 다음에 여러 가지 '명사' 가 들어간 간단한 표현들을 알아보기로 하죠.

No doubt	의심할 여지도 없지(물론이지)
No wonder	놀랄 것도 없지(당연하지)
No kidding	농담 아냐(농담하지마)
No way	말도 안돼(절대 안돼).

doubt[dáut] 의심, 불신 kidding 농담하는 것.

 이렇게 얘기 해봐요!

A: Brian failed math class.
B: No wonder. He was absent most of the time.

A: Dorothy and Lyman are splitting up.
B: No kidding. I thought they had a strong marriage.

A: 브라이언이 수학 과목 낙제했어.
B: 놀랄 것도 없지. 수업시간 대부분을 결석했으니 말야.

A: 도로시하고 라이먼은 갈라설 거야.
B: 말도 안돼. 금슬이 좋은 줄 알았는데.

Not so bad
형용사(so는 bad를 수식)

「그렇게(so) 나쁘지는 않다」는 의미의 말이죠. 이렇게 Not 다음에 형용사나 부사를 넣어서 「…는 아니다」라는 표현을 만들 수 있습니다.

Not **so good**	그렇게 좋은 건 아냐.
Not **very often**	그렇게 자주는 아니야.
Not **always**	항상 그런 건 아냐.
Not **here**	여기서 말고(여긴 아냐).
Not **exactly**	꼭 그런 건 아니고.

often 자주, 흔히 **exactly** 정확하게.

A: How is your new job?
B: Not so bad. I have to work overtime
    sometimes, but I like the job.

A: You mean she acts cruel and spoiled?
B: Not exactly, but she's not a very kind
    person.

A: 새 직장은 어때?
B: 그리 나쁘지 않아. 야근을 해야 할 때도
   있지만 일이 마음에 들어.

A: 그러니까, 걔가 인정머리 없고 버릇없이
   군다 이거지?
B: 꼭 그렇다기 보다는, 별로 상냥한 애는 아니
   란 거지.

수나 양이 정확하지 않을 땐 any를

Any+명사? | Anything+수식어구?

어떤 명사의 수나 양이 정확하지 않을 때 any를 쓰는데요, any 다음에 「명사」를 넣어 끝을 올려 말하는 것만으로도 「…이 있어?」라는 훌륭한 표현이 됩니다. anything은 「수나 양이 불분명한 어떤 것」을 말하는데, 뒤에 anything을 수식해주는 '형용사나 to부정사(to+동사원형)' 가 와서 「…한 거라도 있어?」라고 물어보는 표현을 만들 수 있죠.

응용 **1** Any~ 다음에 다양한 명사를 넣어봅시다.

Any questions?
명사(셀 수 없는 명사 혹은 복수명사)

선생님이 수업을 마치고, 혹은 발표자가 발표를 마치고 「질문 있나요?」라고 물어보는 표현입니다. 질문이 한개든 열개든 갯수가 중요한 것이 아니라 '질문이 있는지 없는지' 물어보는 표현이죠. any 다음에는 '셀 수 없는 명사'나 '복수명사'가 온답니다.

Any other questions?	다른 질문 있나요?
Any messages for me?	저한테 메시지 남긴 것 있나요?
Any tickets for today's show?	오늘 공연 티켓 있나요?
Any medicine for headache?	두통약 있나요?

show 공연, 방송 프로그램 | medicine 약

A: Any messages for me?
B: Your lawyer called and he wants you to call back.

A: 저한테 온 메시지 있나요?
B: 변호사한테 전화왔었는데 전화해달래요.

Anything~ **다음에 다양한** 형용사 **또는** to부정사**를 넣어봅시다.**

Anything else?

수식어구(형용사 or to+동사원형)

주문을 받거나 할 때 쓸 수 있는 말로, 「그밖에 또 뭐가 있나요?」, 「다른 것은요?」라는 의미입니다. 제대로 의문문의 형식을 갖춰 말하려면 Is there anything else?라고 해야 하죠. 이처럼 의문문 앞부분의 주어 · 동사를 생략하고 Anything 뒤에 '형용사나 to+동사원형'을 붙여 끝을 올리면 「…한 것 있어?」라는 의미가 됩니다.

Anything	뭐든(아무거나).
Anything **wrong?**	뭐 잘못된 거라도 있어?
Anything **special?**	뭐 특별한 것 있어?
Anything **to say?**	말할 거라도 있어?
Anything _____?	뭐 새로운 거라도 있어?

정답 : new

A: Two cheese burgers and two cokes...
　　Anything else?
B: No thanks. That's all.

A: Anything new?
B: Not much. How about you?

A: 치즈버거 두개에 콜라 두잔… 다른 것은요?
B: 고맙지만 없어요. 그게 다예요.

A: 뭐 새로운 일 좀 있나?
B: 별로. 넌 어때?

복잡한 전치사의 세계, 이것만이라도…

전치사+명사

"몇시에 만날까?"라는 질문에 대해 "7시에 만나자"라고 대답할 수도 있지만 "7시에"라든가 "7시쯤"까지만으로도 훌륭한 대답이 되죠. 영어에서는 '전치사+명사'의 형태로 이렇게 간략한 대답을 할 수 있답니다.

시간을 나타내는 다양한 전치사들을 알아봅시다.

at	(정확한 시간)에	after	…후에
in	(월/연도/계절 등)에	before	…전에
on	(요일/날짜)에	around	…쯤에

At 7 (o'clock)	7시에.
In 1976	1976년에.
After breakfast	아침먹은 후에.
Before noon	정오 전에.
Around 4 (o'clock)	4시쯤에.
_____	월요일에.

정답: On Monday

A: When is your flight scheduled for?
B: At 6 a.m. I've got to wake up early.

A: Did you say Ellen would be here today?
B: Not today. On Thursday.

A: 비행기가 언제 뜨기로 되어있지?
B: 오전 6시에. 일찍 일어나야 돼.

A: 엘렌이 오늘 이리 온다고 했었나?
B: 오늘 아냐. 목요일에 와.

장소를 나타내는 다양한 전치사들을 알아봅시다.

at	(한 점을 뜻하는 장소)에	from	…로부터
in	(어떤 테두리 안에 있는 장소)에	to	…로
near	…근처에(서)	on	(표면과 닿은 상태로) …위에

At the Hilton Hotel — 힐튼호텔에(서).
Near the station — 역 근처에(서).
On the table — 탁자 위에.
_____ — 사무실에(서).

정답: In the office

A: Have you seen the keys for my car? — A: 내 자동차 열쇠 봤어?
B: Yeah, on the table. — B: 응, 테이블 위에 있던데.

A: Where are you going to stay? — A: 어디서 묵을 거야?
B: At the Drake Hotel. — B: 드레이크 호텔에서.

그밖에 수단이나 용도를 나타내는 전치사들을 알아봅시다.

on	(뒤에 수단이 와서) …로	for	(뒤에 용도가 와서) …를 위해, …하려고
by	(뒤에 수단이 와서) …로		

On foot — 걸어서요.
By credit card — 신용카드로요.
_____ — 제 건강을 위해서요.

정답: For my health

A: How would you like to pay? — A: 어떻게 계산하시겠어요?
B: By credit card. — B: 신용카드로요.

A: Why do you take so many vitamins? — A: 비타민을 왜 그렇게 많이 먹어?
B: For my health. They're very important. — B: 건강을 위해서지. 굉장히 중요하다구.

12

대화를 신명나게 하는 영어 추임새

기타 간단한 표현들

부가의문문이나 감탄문, 그외 여러가지 상대의 말에
반응을 보이는 표현들을 알아보기로 해요.

동의를 구할 땐 부가의문문을

It is ~, isn't it?

내가 보기에 그건 이렇다 저렇다, 자신있게 얘기한 후 「그렇지?」하면서 상대의 동의를 구할 때는 '부가의문문'을 이용해야 합니다. 방금 말한 문장의 주어·동사(또는 조동사)를 그대로 이용하여 '부정의문문'을 만들어 문장 끝에 붙여주면 돼요. 가령 It is ~로 시작하는 문장이라면 끝에 ~, isn't it?을 붙이면 되는 거죠.

 응용 1 긍정문 뒤에 다양한 부가의문문을 만들어 붙여 봅시다.

It's **a beautiful day,** isn't it?

「날씨 좋네, 그렇지?」라는 말입니다. 부가의문문을 만들 때 주의할 점은요, ① 주어가 명사라 할지라도 부가의문문에서는 주어를 꼭 '대명사'로 바꿔주어야 해요. ② 본 문장의 주어가 That이나 This여도 부가의문문은 ~, isn't it?이 되는 경우가 많죠. ③ 또, 본 문장에서 일반동사가 나왔다면 부가의문문에서는 do나 does 등의 '조동사'로 바꿔주는 것도 잊지 말기로 해요.

You're **a newcomer,** aren't you?	신입사원이군요, 그렇죠?
This is **a nice party,** isn't it?	근사한 파티네요, 그렇죠?
He likes **Carry,** doesn't he?	걘 캐리를 좋아하지, 그렇지?
Mina can **speak French,** _____?	미나는 불어를 할 줄 알죠, 그렇죠?
The meeting is **at 10,** _____?	회의가 10시죠, 그렇죠?

newcomer 신입사원, 처음 온 사람, 초보자

정답: can't she? isn't it?

 이렇게 얘기 해봐요!

A: This place is really large and confusing.
B: You're **a newcomer,** aren't you?

A: This is **a nice party,** isn't it?
B: No, I'm not enjoying myself very much.

A: 이곳은 광장히 넓고 복잡하네요.
B: 처음 오신 분이군요, 그렇죠?

A: 근사한 파티네, 그렇지?
B: 아니, 난 별로 즐겁지 않은걸.

응용 2

부정문 뒤에 다양한 부가의문문을 만들어 붙여 봅시다.

It's not warm, is it?

「따뜻하지 않네요, 그렇죠?」라는 의미의 말입니다. 본 문장이 '부정문' 일 때는 반대로 '긍정의문문'
을 만들어 붙여 주면 돼요. 다른 주의사항은 앞서와 동일합니다.

You didn't **tell her,** did you?	너 걔한테 얘기 안했지, 그렇지?
He can't **cook,** can he?	걘 요리를 못하는구나, 그렇지?
The room isn't **large,** is it?	방이 넓지 않네, 그렇지?
You're not **the owner,** _____?	당신은 주인이 아니군요, 그렇죠?

정답: are you?

A: I know you want to date Liz.
B: You didn't **tell her,** did you?

A: He can't **cook,** can he?
B: No, but I think he's planning to take us
to a nice restaurant.

A: 리즈하고 데이트하고 싶어하는 거 알아.
B: 걔한테 말 안했지, 그렇지?

A: 걔 요리 못하잖아, 그렇지?
B: 못하지, 하지만 우릴 근사한 레스토랑에
데려가려고 하는 것 같아.

응용 3

좀더 단순한 형태의 부가의문문을 살펴봅시다.

That's for her, right?

「걜 위한 거지, 맞지?」 또는 「그거 걔 줄 거지, 맞지?」라는 의미입니다. 부가의문문 만들기가 영 괴롭
다면, 그냥 어떤 주어, 어떤 동사이건간에 끝에 ~, right?이라고 물어보기만 하면 부가의문문처럼 상
대의 동의를 구할 수 있죠.

Tomorrow is your birthday, right?	내일이 네 생일이지, 그렇지?
She is your boss, right?	그 여자는 네 상사지, 그렇지?
He didn't do that, right?	걔가 그런 거 아니지, 그렇지?
He can move anywhere, _____?	걘 어디로든 이사갈 수 있어, 그렇지?

정답: right?

A: Tomorrow is your birthday, right?
B: Yes. I'm expecting a big present from you.

A: I'm really tired of following Jen's orders.
B: She is your boss, right?

A: 내일 네 생일이지, 그렇지?
B: 맞아. 너한테 큰 선물 기대하고 있어.

A: 젠의 지시를 따르는 거 정말 신물나.
B: 그 여잔 네 상사지, 그렇지?

요구사항은 please로 부드럽게

동사원형 _{명사}, **please**

주어를 생략하고 동사원형으로 시작되는 '명령문' 끝에 please만 붙여도 훨씬 분위기가 부드러워진다는 것, 알고 계시죠? 그런데 덜렁 '명사' 하나에 please만 붙여도 「…을 좀 달라」는 말이 된다는 것, 알고 계셨어요?

응용 **명령문 앞이나 뒤에** please**를 붙여봅시다.**

1 Call a taxi for me, please

_{동사원형}

「택시 좀 불러주세요」라는 문장입니다. please를 문장 앞에 붙일 수도 있지요. 그런데 please가 붙어있다고 해서 마냥 예의바르게 느껴지는 건 아니에요. 정중하게 부탁하려면 앞서 나왔던 Would you~?나 Could you~?(p.104)를 이용하는 것이 좋죠.

Pass me the salt, please	소금 좀 건네주세요.
Hold the line, please	끊지 말고 기다려 주세요. (전화통화시)
Please **put this bag in the trunk**	이 가방은 차 트렁크에 넣어주세요.
＿＿＿＿＿＿＿＿＿ **the blue one**	파란 것 좀 보여주세요.

hold the line (전화를) 끊지 않고 기다리다

정답: Please show me

A: Please put this bag in the trunk.
B: There isn't any room for it.

A: Pass me the pepper, please.
B: Sure. Here it is.

A: 이 가방을 차 트렁크에 넣어주세요.
B: 공간이 없는데요.

A: 후추 좀 건네주세요.
B: 그러죠. 여기 있어요.

응용 명사 **뒤에** please**를 붙여봅시다.**

This one, please
명사

「이걸로 주세요」라는 뜻입니다. 이렇게 '명사+please' 만으로도 「…을 주세요」라는 의사표현을 할 수 있어요. 단, '명사+please' 는 동사의 경우에서와는 달리, 순서를 바꿔 'Please+명사' 의 형태로는 잘 쓰이지 않습니다.

Orange juice, please   오렌지 주스로 주세요.
Just some mustard, please   머스타드 소스만 조금 발라주세요.
No onions, please   양파는 빼주세요.
One moment, please   잠시만요.

_____   설탕만 넣어주세요.

mustard 겨자 소스   정답 : Just sugar, please

A: What would you like me to put on your hotdog?   A: 핫도그에 뭘 발라드릴까요?
B: Just some ketchup, please.   B: 케첩만 조금 발라주세요.

A: I'd like a Big Mac to go. No onions, please.   A: 빅맥 하나 포장해주세요. 양파는 빼고요.
B: All right. Just one moment, please.   B: 알겠습니다. 잠시만요.

정말이야?

되물어보는 표현들

이번에는 상대의 말에 대해서 「정말이야?」하고 놀라움을 표시하거나 「그래?」라며 반응을 보이는 표현들에는 무엇이 있는지 알아볼까요?

상대의 말에 반응을 보이는 표현들을 알아봅시다.

Really?

「정말이야?」하고 되물어보는 표현입니다. 반드시 믿을 수 없는 이야기라든가 정말인지 확신이 서지 않는 이야기에 대해서만 사용할 수 있는 것이 아니고, 「그래?」 정도로 반응을 보이는 느낌의 말로도 사용할 수 있습니다.

Is that true?	그게 정말이야?.
Are you sure?	확실해?
Is that so?	그래?
You're kidding!	농담하는 거겠지! (설마)
Are you serious?	정말이야?
Are you?	그래? (상대가 I'm~으로 말했을 때)
You did?	그랬어? (일반동사를 써서 말했을 때)

kid 농담하다 | serious 진지한, 농담이 아닌

A: I'm impressed with your hard work.
B: Really? Do you think I'm ready for a promotion?

A: The stock market just dropped by 200 points.
B: Are you sure? I don't believe it.

A: 열심히 일하는 모습이 인상적이네요.
B: 정말인가요? 제가 곧 승진할 것 같아요?

A: 주식이 200포인트나 떨어졌어.
B: 정말이야? 믿을 수가 없네.

'너의 말을 이용하여' 너의 말을 듣고 있다고 표시해주기

상대방의 얘기를 고개 끄덕이며 듣는 것도 중요하지만 가끔씩은 「그래?」, 「그렇구나」라며 말로도 맞장구를 쳐주어야 대화가 활기를 띠게 되잖아요. 옆 페이지에서 소개한 Are you?나 You did?처럼 상대방의 말을 그대로 받아 「그러니?」 혹은 「그랬니?」하고 간단하게 반응을 보이는 연습을 해보기로 해요.

 be동사를 이용

A: **I'm** a big fan of *Shrek*.
B: **Are you?** Who is your favorite character?

A: 난 『슈렉』의 열렬한 팬이야.
B: 그래? 어느 캐릭터를 제일 좋아해?

A: **I'm** so happy to be with you.
B: **You are?** I feel the same way.

A: 너랑 같이 있으니 너무 행복해.
B: 그래? 나도 그래.

A: **You are** an amazing swimmer.
B: **Am I?** It's kind of you to say that.

A: 너 수영을 정말 잘하는구나.
B: 그런가? 그렇게 말해주니 고마워.

A: **This is** so cool.
B: **Is it?** I think it's kind of childish.

A: 이거 아주 멋지군.
B: 그래? 좀 유치한 것 같은데.

✎ 조동사를 그대로

A: **The TV doesn't** work.
B: **Doesn't it?** Call a repairman.

A: TV가 안나와.
B: 그래? 수리공을 불러.

A: **You should** get back to work.
B: **Should I?**

A: 다시 일하러 가야지.
B: 그래야 하나?

A: **I have** lost my car keys.
B: **Have you?** That's too bad.

A: 자동차 열쇠를 잃어버렸어.
B: 그래? 큰일이네.

A: **I didn't** break her window.
B: **Didn't you?**

A: 걔네 집 창문 내가 안깼어.
B: 그래?

✎ 일반동사는 조동사로

A: Yesterday **I stayed** up all night.
B: **You did?** What for?

A: 어제 밤새 깨어 있었어.
B: 그래? 뭣때문에?

A: **You look** really beautiful tonight.
B: **Do I?** Thanks.

A: 너 오늘 밤 정말 예쁘다.
B: 그래? 고마워.

A: It's late. **You have to** walk me home.
B: **Do I have to?**

A: 늦었어, 날 집까지 바래다줘야 해.
B: 꼭 그래야 하나?

A: **They fired** him in the end.
B: **They did?** What will he do now?

A: 그 사람들은 결국 걜 해고했어.
B: 그랬어? 걘 이제 뭘 하나?

I see는 '보인다'가 아니야

기본빼대문형
「알았다」는 의미의 표현들

see는 기본적으로 「보인다」는 의미이지만, 그 외에 크게 두가지 의미가 더 있어요. 보는 것에서 좀더 확장하여 「만나다」라는 뜻이 있구요. 또 「이해하다」 혹은 「알다」라는 의미도 있습니다. 그래서 「알았어」라고 말할 때 I see를 사용하게 되는 거예요. 그밖에 「알았어」라는 의미의 표현들이 또 뭐가 있는지 알아보죠.

알았어라는 의미의 다양한 표현들을 살펴봅시다.

I see

「(무슨 얘긴지) 알겠어」라는 의미죠. 그밖에 상대가 하는 말을 알아들었다는 표현들은 다음과 같습니다.

I understand	이해해(알아들었어).
I('ve) got it	알겠어.
I get the picture	알겠어(머릿속에 그림이 그려진다).
I know what you mean	무슨 말인지 알겠어.
I know	그래, 맞아. (상대의 말에 동의)

A: You have to ask your boss first.
B: Oh, I see.

A: I want you to redesign this entire system.
B: I get the picture.

A: 상사에게 먼저 물어봐야죠.
B: 아, 알겠어요.

A: 이 시스템 전체를 다시 설계해줬으면 해요.
B: 무슨 말씀인지 알겠습니다.

알았어, 그렇게 할게

기 본 배 대 분 형
동의하는 표현들

앞에서 다룬 I see 등등의 표현들은 상대가 무슨 말을 하는지 '이해했다'는 의미에 중점을
두는 표현들이죠. 그런데 때에 따라 좀더 적극적인 동의의 표현들이 필요할 때가 있잖아
요. 예를 들면 상대가 제안이나 부탁을 해온 경우 말이죠. 이 자리에서는 All right을 필두
로 한 동의의 표현들을 알아봅시다.

다양한 동의의 표현들을 알아봅시다.

All right

상대의 부탁이나 제안을 듣고 「알았어」라고 대답하는 말이죠. '그렇게 하자,' '그렇게 할게'라는 뉘
앙스를 띠고 있습니다. all right은 간략하게 줄여서 alright으로 표기하기도 해요.

Okay	좋아.
Sure	그럼, 물론이지.
Of course	물론이지, 그렇게 해.
No problem	별로 힘든 일도 아닌걸.
Why not?	왜 안되겠어?

A: Make sure you are here before 8 a.m.
   tomorrow morning.
B: Okay. I won't be late.

A: May I see your passport?
B: Alright. Here you are.

A: 내일 아침 반드시 8시 전에 오세요.
B: 알겠어요. 늦지 않을게요.

A: 여권 좀 볼까요?
B: 알겠습니다. 여기 있어요.

말 꺼내기

서두를 떼는 표현들

우리말 「있잖아」, 「저기 말야」 등처럼, 진짜 하고 싶은 말에 앞서 말을 시작하는 표현들이 영어에도 존재합니다. 그 말 자체에 별 의미는 없죠. 말을 시작하기 전에 상대의 주의를 끌고자 하는 게 목적이니까요. 말할 때마다 이런 말을 사용할 필요는 없지만, 최소한 대화를 나누다가 이런 말을 들었을 때 무슨 뜻일까 고민하다가 진짜 들어야 할 얘기를 듣지 못하는 불상사는 피하도록 하자구요.^^*

말을 꺼낼 때 쓰는 여러가지 표현들을 **알아봅시다.**

You know, they are going to get married

「있잖아, 걔네들 결혼할 거야」라는 말이죠. you know는 그냥 「있잖아」, 「저기」 정도의 의미죠. 아래 표현들은 모두 you know처럼 별 의미없이 쓰는 말들입니다. 참고로 화제를 바꿀 때 쓰는 말인 by the way(근데 말야)도 알아두세요.

Look, I can't decide	저기, 결정 못하겠어.
Well, I'll think about it	음, 생각해볼게.
Say, my computer doesn't work	있지, 내 컴퓨터가 작동이 안돼.
Listen, do you know that girl?	있잖아, 너 저 여자애랑 친해?
By the way, what time is it now?	그런데 말야, 지금 몇시지?

work (기계 등이) 작동되다

A: You know, they are going to get married soon.
B: Really? On what day?

A: Where would you like to eat lunch?
B: Look, I can't decide. There are too many choices.

A: 있잖아, 걔네들은 곧 결혼할 거야.
B: 정말? 며칠날에?

A: 점심 어디서 먹을래요?
B: 어, 결정 못하겠어요. 선택의 여지가 너무 많아요.

what으로 감탄문 만드는 법

What a+명사!

감탄문을 적절히 섞어 쓰면 감정이 풍부하게 느껴지죠. 그런데 감탄문은 어떻게 만드냐구요? 간단해요. What a 다음에 칭찬하고 싶은, 혹은 혹독하게 비난하고 싶은 명사를 넣어주는 거지요.

What a~ **다음에 다양한 명사를 넣어봅시다.**

What a **wonderful world!**
　　　　　　명사(world)를 수식하는 형용사　　　　명사

루이 암스트롱의 노래로도 유명한 문구로, 「얼마나 멋진 세상인지!」라는 감탄문이죠. 이처럼 What a 다음에 '명사'가 와서 감탄문을 만드는데, 그 명사에 대한 수식어, 즉 형용사가 따라붙는 경우도 많답니다.

What a **rude man!**	이렇게 예의없는 남자를 봤나!
What a **surprise!**	놀랍기도 하지!
What a _____!	세상에, 여자애가 예쁘기도 하지!
(※ 복수명사나 셀 수 없는 명사의 경우에는 a가 들어가지 않죠)	
What **lovely flowers!**	어머나, 꽃들이 참 예쁘기도 해라!
What _____!	날씨 참 좋다!

rude 무례한

정답 : cute[beautiful, pretty] girl / beautiful weather

A: Look at this. It's a picture of my girlfriend.
B: What a pretty girl!

A: What beautiful weather!
B: Yeah, I always love it when spring weather arrives.

A: 이것 좀 봐. 내 여자친구 사진이야.
B: 세상에, 정말 예쁘다!

A: 날씨 참 좋다!
B: 그러게, 난 늘 봄날씨가 되면 너무 좋더라.

한단어로 감탄하기

기 본 빼 대 문 형

형용사 | 부사!

'감탄문 만들기 넘 어려워~' 울고 계신 분, 혹시 있나요?^^; 뭐 꼭 감탄문이 아니더라도 나의 풍부한 느낌을 좀더 간단하게, 효과적으로 전달할 방법은 있답니다. 바로 형용사나 부사 '딱 한 단어'를 억양을 살려서 말하는 거예요. 표정이나 몸짓을 동원하는 것도 좋겠죠. 너무 오버하면 좀 느끼하겠지만요.^^

 다양한 형용사를 이용해 감탄의 표현을 만들어봅시다.

Wonderful!
형용사

「훌륭해!」라는 말이죠. 그냥 밋밋하게 읽듯이 말하지 말고 눈도 좀 동그랗게 뜨면서 말해볼까요? 다른 「형용사」들도 목소리 연기, 표정 연기 등을 동원해서 말해봐요. 훌륭한 감탄 표현이 된답니다.

Excellent!	아주 훌륭해!
Delicious!	맛있는걸!
Unbelievable!	믿을 수 없구만!(놀라워!)
Cool!	근사하군!
Perfect!	완벽해!

excellent 뛰어난 | **cool** 근사한, 멋진

A: Delicious! That was the best meal I ever ate.
B: I'm glad to hear you liked it.

A: This is my new sports car.
B: Cool! How much did it cost?

A: 맛있어라! 이제껏 먹어본 것 중에 최고의 식사였어.
B: 맛있게 먹었다니 기뻐.

A: 이거 새로 산 내 스포츠카야.
B: 멋지다! 얼마 들었어?

응용 **2** 다양한 부사를 이용해 감탄의 표현을 만들어봅시다.

Exactly!
부사

상대방의 말에 대해서 「바로 그거야!」하고 맞장구치는 표현이죠. exactly는 「정확하게」, 「조금도 틀
림없이」라는 의미의 부사지요. 이렇게 「부사」를 이용해서도 감탄의 표현, 적극적인 반응의 표현을 만
들 수 있어요. 물론 억양을 풍부하게, 표정도 맞춰주세요.

Certainly!	물론이지!
Definitely!	물론이지!
Absolutely!	그렇고 말고!
Certainly not!	물론 그렇지 않아! (절대 싫어!)
Absolutely not!	절대 그렇지 않아!

definitely 명확히, 확실히   absolutely 절대적으로, 완전히

A: You mean, I should never give up?
B: Exactly! Get out there and try again.

A: Would you like a job at my company?
B: Absolutely! When can I start work?

A: Dad, I want to spend the night at
   my girlfriend's house.
B: Absolutely not!

A: 네 말은 포기하면 안된다는 거지?
B: 바로 그거야! 가서 다시 한번 해봐.

A: 우리 회사에서 일할래요?
B: 물론이죠! 언제부터 일하면 되죠?

A: 아빠, 여자친구네 집에서 하룻밤 자고 오고
   싶은데요.
B: 절대로 안된다!

무뚝뚝한 yes/no, 한마디만 더

기 본 패 대 문 형

Yes, ~ | No, ~

어떤 질문을 받더라도 대답은 Yes 아니면 No, 단 두마디로 일관하는 사람들이 있죠. 이런 초간단 대답을 들으면 질문한 사람은 대개 "이 사람, 나와 얘기하기 싫은가?"라는 기분이 들기 마련이잖아요. 하지만 Yes/No에 한두마디만 덧붙여도 훨씬 성의있고 친근한 대답이 될 수 있다는 사실을 알고 계세요?

Yes~ 다음에 간단한 단어를 덧붙여 봅시다.

Yes, please

「네, 그렇게 해주세요」라는 의미죠. 상대가 뭔가를 해주겠다고 제안했을 때 할 수 있는 긍정적인 대답입니다. Yes 다음에 다른 내용은 모두 생략하고 please만 붙인 형태네요. Yes 다음에 다른 간단한 단어들도 덧붙여 봅시다.

Yes, **thank you**	응, 고마워.
Yes, **I'd like to**	응, 그러고 싶어(I would like to).
Yes, **I think so**	응, 그런 것 같아.
Yes, _____	응, 물론이지.

정답: of course

A: How about some more coffee?
B: Yes, please.

A: Did you enjoy your stay at our hotel?
B: Yes, thank you. It was great.

A: Come and visit us in Hawaii sometime.
B: Yes, I'd like to do that.

A: 커피 좀더 드릴까요?
B: 네, 그렇게 해주세요.

A: 저희 호텔에서 즐겁게 묵으셨습니까?
B: 네, 감사합니다. 좋았어요.

A: 언제 한번 하와이로 우릴 찾아와요.
B: 네, 그러고 싶어요.

No~ 다음에 간단한 단어를 덧붙여 봅시다.

No, not really

「아뇨, 실은 그렇지가 않아요」라는 의미입니다. 다른 사람의 제안을 거절하거나 상대방의 정보에 이 의를 제기할 때도 No 다음에 한마디 덧붙여 쓰면 훨씬 성실한(?) 답변이 될 수 있습니다.

No, not yet	아니, 아직.
No, nothing special	아니, 특별한 건 아무 것도 없어.
Thanks, but no	고맙지만 됐어.
No, _____	아니, 전혀 그렇지 않아.

yet 아직

정답: not at all

A: Do you have time to have dinner?
B: No, not really. I must be going now.

A: Are you married?
B: No, not yet. I may get married in a few years.

A: Does this cold weather bother you?
B: No, not at all. I like it.

A: 저녁 먹을 시간 있어요?
B: 아뇨, 실은 없어요. 지금 가봐야 해요.

A: 결혼 하셨어요?
B: 아뇨, 아직요. 몇년 후엔 하겠죠.

A: 이런 추운 날씨 때문에 짜증나세요?
B: 아뇨, 전혀요. 전 이런 날씨 좋아요.

13

명령문을 만들려면 동사, 앞으로~

동사원형~

명령문은 상대방에게 하는 말이니 주어는 You인데
보통 생략하고 동사원형을 문장 맨앞에 두어 말하게 되죠.
또한 「…하지 마」하고 부정문의 형태로 명령하게 될 때는
조동사를 앞으로 빼서 Don't+동사원형의 형태로 쓰고,
Never+동사원형의 형태로 쓰면 더욱 강조하는
분위기를 풍기게 됩니다.

Be동사, 앞으로

기 본 베 대 문 형

Be+형용사 | 명사 | 전치사구

명령문은 상대(you)에게 뭔가를 요구하는 문장이에요. 명령문의 특징은 ① 주어가 되는 You를 생략하고 ② 동사원형(긍정 명령문)이나 조동사(Don't: 부정 명령문)로 문장을 시작한다는 것입니다. be동사의 경우는 주어에 따라 is와 are로 쓰이지만, 명령문을 만들 땐 동사원형의 형태, 즉 Be~의 형태가 되어야 한다는 거죠. 특히 be동사가 들어간 문장은 대개 상태를 나타내므로, be동사로 시작하는 명령문은 상대에게 어떤 상태가 될 것을 요구하는 표현이 많지요.

응용
1

Be~ 다음에 다양한 형용사를 넣어봅시다.

Be careful
형용사

「조심해」라는 말입니다. careful은 「조심성 있는」이라는 의미의 형용사죠. Be~로 시작하는 명령문은 이렇게 'Be+형용사'의 형태인 경우가 가장 일반적이죠.

Be nice	상냥하게 굴어.
Be quiet	조용히 해.
Be punctual	시간 좀 지켜.
Be good to your friends	친구들하고 사이좋게 지내.
Be _____ with me	나한테 좀 솔직해 봐.

nice 상냥한, 친절한 | punctual 시간을 잘 지키는   정답: honest

이렇게 얘기 해봐요!

A: It's Friday the thirteenth. Be careful.
B: Are you serious? I didn't know you were superstitious.

A: Honey! I'm home.
B: Be quiet. Amy has just fallen asleep.

A: 오늘 13일의 금요일이야. 조심해.
B: 진심이야? 네가 미신을 믿는 줄은 몰랐는걸.

A: 여보! 나 왔어.
B: 조용히 해요. 에이미가 지금 막 잠들었다구요.

Be sure to~ 다음에 동사를 넣어봅시다.

Be sure to finish this work before the weekend
형용사   to+동사원형

「주말 전에 반드시 이 일을 끝내야 해」라는 의미죠. sure는 「틀림없는」, 「반드시 …하는」이라는 의미의 형용사구요. 위 문장은 'Be+형용사(sure)'의 구조인데 뒤에 무엇을 sure해야 하는지 to부정사구의 형태로 설명하고 있어요.

Be sure to **lock the door**	문 꼭 잠가야 해.
Be sure to **call him back**	반드시 개한테 전화해 줘.

lock 잠그다 call+사람+back (이전에 걸려온 전화에 대한 회답으로) …에게 전화해주다

A: Be sure to finish this work **before the weekend**.
B: Okay. Don't worry about that.

A: 주말 전에 반드시 이 일을 끝내야 해요.
B: 알겠어요. 걱정하지 마세요.

A: Be sure to call him back.
B: Don't worry. I will.

A: 반드시 개한테 전화해 줘.
B: 염려마. 그렇게 할게.

Be~ 다음에 명사 또는 전치사구를 넣어봅시다.

Be a good boy
명사

부모가 자녀에게 「착한 아이가 되어야지」하고 타이르는 말입니다. 여자아이에게는 boy 대신 girl을 쓰죠. 'be동사+명사'의 형태는 주로 주어의 지위나 자격 등을 나타내기 때문에 명령문으로 만들어 쓰는 경우가 그리 다양하지는 않습니다. 위 표현이 대표적인 'Be+명사' 형태의 명령문이죠. 그밖에, Be동사 뒤에는 전치사+명사로 이루어진 '전치사구' 역시 올 수 있습니다.

Be **a man**	남자답게 굴어.
Be **at home**	집에 있어.
Be **the first to know**	제일 먼저 아는 사람이 되세요. (광고문구 등에서)
Be _____	어른스럽게 굴어.

be the first to+동사 제일 먼저 …하는 사람이다   정답: an adult

A: You should get a job and make some money.
    Be an adult.
B: I will. Trust me.

A: 너도 취직해서 돈을 벌어야지. 좀 어른스러워져라.
B: 그럴게요. 믿으세요.

A: Be a man and take responsibility for your family.
B: What do you mean specifically?

A: 남자답게 가족에 대해서 책임감을 가져.
B: 구체적으로 어떤 걸 말하는 거야?

Go, 앞으로

기본대표문형

Go+부사 전치사구 | to부정사

'Go+부사[전치사]'의 형태는 '어떻게 가라'고 길을 알려줄 때 아주 유용하게 쓰이는 문형이지요. 또한 'Go+to부정사', 즉 'Go+to+동사원형'의 형태로 「가서 …하라」는 표현을 만들 수 있습니다.

응용 1

Go~ 다음에 다양한 부사 또는 전치사구를 넣어봅시다.

Go **straight down the street**
부사

「이 길로(down the street) 곧장 가요」라는 의미죠. straight는 「일직선으로」, 「곧장」이라는 의미의 부사입니다. Go 뒤에 straight와 같은 「부사」가 오거나 through+장소 등의 「전치사구」가 와서 길을 가르쳐주는 다양한 표현들을 만들 수 있어요.

Go **straight for 2 blocks**	이 길로 곧장 2블럭을 가세요.
Go **up the stairs**	이 계단을 올라가세요.
Go **through the shopping center**	쇼핑센터를 통과해서 가세요.
Go **out the north exit**	북쪽 출구로 빠지세요.
_____ **to platform 5**	계단을 내려가서 5번 승강장으로 가세요.

exit (고속도로 등의) 출구 　　　　　　　　　　　　　　정답: Go down the stairs

A: Where can I get the train to Seattle?
B: Go down the stairs to platform 5.

A: Is there a toilet around here?
B: Go through the shopping center.
　 You'll find one.

A: 시애틀로 가는 기차는 어디서 타요?
B: 계단을 내려가서 5번 승강장으로 가세요.

A: 이 근처에 화장실 있어요?
B: 쇼핑센터를 통과해서 가시면 하나 보일
　 거예요.

222

Go to see her

to부정사

「가서 걜 만나봐」라는 의미예요. 'Go+to부정사,' 즉 'Go+to+동사원형'의 형태로 「…하러 가라」는 의미의 명령문을 만들 수 있습니다. 구어에서 편하게 말할 때는 'Go 'and' 동사원형' 혹은 'Go+동사원형'의 형태로도 많이 씁니다.

Go to work	출근해.
Go and get some rest	가서 좀 쉬어.
Go get some drinks	가서 음료수 좀 사와라.
_____ a doctor	병원 가봐.

see a doctor 의사에게 가서 진찰받다, 병원가다

정답: Go to see

A: The rash on my skin keeps getting worse.
B: Hurry and go to see a doctor.

A: Oh God, I'm so sleepy today.
B: You look exhausted. Go and get some rest.

A: 피부에 뾰루지가 점점 심해지고 있어.
B: 어서 병원에 가봐.

A: 어휴, 오늘 너무 졸리다.
B: 피곤해보이네. 가서 좀 쉬어.

명령문에 자주 등장하는 Take와 Turn

기본패턴문형
Take+명사 | Turn+부사

take는 「잡다」, 「취하다」라는 의미를 갖는 기본동사인데요, Take your time(천천히 해) 등의 표현에서와 같이 명령문의 형태에서 자주 볼 수 있는 동사이지요. 「몸을 돌리다」, 「방향을 바꾸다」라는 의미의 Turn 역시 앞의 Go와 마찬가지로 길을 설명해 줄 때 많이 쓰이는 동사입니다. Turn right(오른쪽으로 도세요), Turn left(좌회전 하세요) 등에서와 같이 뒤에 방향을 나타내는 부사를 함께 써준답니다.

응용
1

Take~ 다음에 다양한 명사를 넣어봅시다.

Take **your time**
     _명사_

직역하면 「너의 시간을 가져라」, 즉 「시간을 갖고 천천히 하라」는 의미입니다. **Take** 다음에 목적어가 되는 「명사」가 온 명령문이죠. take는 ① 첫번째와 두번째 문장처럼 탈것, 엘리베이터 등을 「타다」라는 의미로도 쓰이고 ② 세번째 문장처럼 「약을 먹다」라는 의미로도 쓰이며 ③ 네번째와 다섯번째 문장처럼 「취하다」라는 기본의미를 갖되 관용구처럼 쓰이기도 합니다.

Take **the number 28 bus**	28번 버스를 타세요.
Take **the elevator to the seventh floor**	엘리베이터를 타고 7층까지 가세요.
Take **this medicine**	이 약을 드세요.
Take **care of yourself**	몸조심해(=Take care, 작별인사).
Take **it easy**	살살 해.
	지하철을 타세요.

---

medicine 약 care 보살핌, 돌봄

정답: Take the subway

이렇게
얘기
해봐요!

A: How do I get downtown from here?
B: Take the number 28 bus.

A: Here, take this medicine.
B: Will it help me get rid of my cold?

A: 여기서 시내로 어떻게 가요?
B: 28번 버스를 타세요.

A: 자, 이 약 먹어.
B: 이거 먹으면 감기를 떨어뜨리는 데 도움이 될까?

224

응용 Turn~ 다음에 다양한 부사를 넣어봅시다.

2 Turn left at the next corner
부사

「다음번 모퉁이에서(at the next corner) 좌회전하세요」라는 의미죠. 'Turn + 방향을 나타내는 부
사' 의 형태로 길을 알려줄 때 유용하게 쓰일 수 있는 표현입니다.

Turn **right at the intersection**   교차로에서 우회전하세요.
Turn **left onto 5th Avenue**   좌회전해서 5번가로 들어가세요.
_____ **at the next traffic light**   다음 신호등에서 우회전하세요.

---

intersection 교차로   정답: Turn right

A: **Where is the nearest grocery store?**   A: 제일 가까운 식품점이 어디죠?
B: Turn left at the intersection. **You'll see it.**   B: 교차로에서 오른쪽으로 꺾어지세요.
                                                        보일 거예요.

A: Turn left at the traffic light.   A: 신호등 있는 데서 좌회전해.
B: **Are you sure we're going the right way?**   B: 우리, 제대로 가고 있는 거 맞아?

그밖의 동사들을 이용한 명령문

기 본 패 대 운 형

동사원형＋부사 ┃ 전치사 ┃ 명사

그밖의 다양한 일반동사들을 이용해서 명령문을 만들어봅시다. 명령문의 법칙, 잊지 않으셨죠? "동사원형, 앞으로!" 앞의 예문들을 통해 이미 다 감을 잡았겠지만, 전치사나 부사가 달린 동사의 명령문, 목적어가 달린 동사의 명령문 그리고 재귀대명사 oneself가 달린 '동사＋oneself ~' 명령문, 마지막으로 목적어가 두 개인 명령문 등으로 형태 구분해서 알아보기로 해요.

응용 1 다양한 일반동사＋부사/전치사 **형태의 명령문을 만나봅시다.**

Hurry up!

　　　　부사

「서둘러!」라는 말이에요. 이처럼 부사와 짝을 이루거나 전치사와 짝을 이루어 항상 함께 다니는 동사들은 아예 한덩어리로 외워두셔야 해요.

Calm down!	진정해!
Cheer up!	기운 내!
Come on in!	들어와!
Look at **them**	저것들 좀 봐(쟤들 좀 봐).
Listen to **me**	내 말 들어봐.
Get on **the next bus**	다음 버스를 타세요.
Get off **at the third stop**	세번째 정거장에서 내려요.

stop 버스 정거장

A: Hey, come on in.
B: Thanks. Here, I brought some wine.

A: You look gloomy. Cheer up!
B: I had a really stressful day at work.

A: 안녕, 어서 들어와.
B: 고마워. 자 받아, 와인을 좀 가져왔어.

A: 우울해보이는구나. 기운내!
B: 직장에서 정말 스트레스받는 하루였어.

일반동사의 원형 **다음에 목적어가** 오는 **명령문을 만나봅시다.**

Keep **the change**

목적어(명사)

change는 「변화」(명사) 또는 「변화하다」(동사)라는 의미로 제일 유명하지만, 일상생활에서는 「거스름돈」, 「잔돈」을 뜻하는 말로 쓰여요. 그래서 위 표현은 「거스름돈은 가지세요」라는 말이 되는 거지요. 그밖에 「동사원형＋목적어(명사)」의 형태로 쓰이는 명령문이 뭐가 있는지 알아볼까요?

Enjoy **your meal**	맛있게 드세요.
Follow **me to the exit**	제가 비상구까지 안내하죠.
Say **hello to your parents for me**	부모님께 안부 전해줘.
_____ **tonight**	오늘 밤에 나한테 전화해.

exit 비상구 | meal 식사 | say hello to+사람 …에게 인사하다, 안부를 전하다　　　정답: Call me

A: Enjoy your meal.
B: Could we get some water?

A: Say hello to your parents for me.
B: Sure. I'll tell them I saw you.

A: 맛있게 드세요.
B: 물 좀 갖다주시겠어요?

A: 부모님께 안부 전해줘.
B: 응. 너 만났다고 얘기할게.

일반동사의 원형 **다음에 목적어로 yourself가** 오는 **명령문을 만나봅시다.**

Enjoy **yourself**

「재미있게 보내」, 「즐거운 시간 보내」라는 의미로, 파티에 가는 친구에게, 친구랑 영화보기로 했다며 나가는 가족에게 할 수 있는 말이죠. 이렇게 일반동사의 목적어로 yourself가 오는 명령문을 만나볼까요?

Help **yourself to the cake**	케익 드세요.
Make **yourself at home**	편안히 있어(자기 집에 있는 것처럼 편히 하라는 의미)
Just **bring yourself**	(파티, 모임 등에 아무 것도 가져오지 않고) 몸만 오면 돼.

help yourself to+음식 맘껏 드세요(직접 가져다 먹으라고 할 때)

A: Monica, please help yourself to the cake.
B: I will. It looks quite delicious.

A: Can I get a beer from your fridge?
B: Of course. Make yourself at home.

A: 모니카, 케익 갖다 먹어라.
B: 네. 되게 맛있어 보이네요.

A: 냉장고에서 맥주 좀 갖다 먹어도 될까?
B: 그럼. 너희 집처럼 편안히 생각하라구.

일반동사의 원형 **다음에 목적어가 두 개** 오는 명령문을 만나봅시다.

Give **it to me**
_{직접목적어   전치사+간접목적어}

「그거 나한테 줘봐」라는 의미죠. 이와 같은 '동사원형＋직접목적어＋간접목적어' 또는 '동사원형＋간접목적어＋직접목적어' 형태의 명령문을 살펴볼까요?

Leave it to me	내게 맡겨(내가 알아서 할게).
Call me Bill	나를 빌이라고 불러줘.
Bring him here	걔를 여기로 데려와.
Send _____	내게 이메일 보내줘.

정답 : me an e-mail (또는 an e-mail to me)

A: Can you introduce me to your boss?
B: Leave it to me. I'll schedule an appointment.

A: Send me an e-mail. I want to keep in touch.
B: I'd be happy to.

A: 상사분을 소개시켜 줄래요?
B: 저한테 맡기세요. 제가 약속을 잡죠.

A: 나한테 이메일 보내. 계속 연락하고
    지내고 싶어.
B: 그럼, 보내고 말고.

→ **영어회화 지식Box: 목적어가 두 개 필요한 '수여동사들'**

목적어가 두 개 필요한 동사들 가운데에는 give나 send, tell, show 등과 같이 남에게 뭔가를 「준다」는 의미를 가진 동사들(일명 수여동사)이 있어요. '무엇을' 주는지, 그리고 '누구에게' 주는지를 나타내는 목적어가 필요하죠. '무엇을' 주는지 나타내는 명사를 「직접목적어」라고 하고 '누구에게' 주는지를 나타내는 명사를 「간접목적어」라고 하는데요, 보통은 「동사＋간접목적어＋직접목적어」의 어순을 갖습니다. '누구에게' 주는지를 먼저 써준다는 거죠.

    She gave me chocolate.   걔가 나한테 초콜렛 줬어.

두 목적어의 순서를 바꿔서 '무엇을' 주었는지를 먼저 써줄 수도 있습니다. 하지만 이 때는 '누구에게' 주었는지 앞에 전치사를 써줘야 하죠. 보통 to나 for를 많이 씁니다.

    She gave chocolate to me   걔가 나한테 초콜렛 줬어.

명령문 형태의 유명한 그 한 마디

속담이나 격언 등 유명한 영어 문구들 중 '명령문'의 형태로 되어있는 것들만 뽑아 음미해보기로 해요.

• **Look before you leap** : 신중하게 행동하라

　　뛰기(leap) 전에 살펴보라(look)는 말로 「충분히 생각해보고 행동에 들어가라」는 표현입니다.

• **Never say die** : 약한 소리 마라

　　'Never+동사원형'(…하지 마라) 형태의 부정 명령문이네요. 한마디로 「포기하지 말라」(Don't give up)는 의미지요. 비슷한 문형으로 Never say never라는 표현도 있어요. 「안된다고 하지 말아라」즉 항상 긍정적으로 생각하라는 말이죠.

• **Scratch my back and I'll scratch yours** : 오는 정이 있어야 가는 정이 있다

　　직역하면 「내 등을(back) 긁어줘(scratch). 그러면 나도 네 등을 긁어줄게」라는 뜻이에요. '명령문, and~'는 「…하라, 그러면~」이라는 의미죠. give and take의 논리를 확실하게 펼치는 표현이네요.

• **Believe it or not** : 믿거나 말거나

　　많이 들어보셨죠? 「믿으세요, 아님 말고」의 표현이지요.

• **Do as I say, not as I do** : 내말대로 하되 나처럼은 말라

　　as는 「…와 같이」, 「…대로」라는 의미의 접속사로도 쓰이죠. 따라서 이 말은 「내가 말한 대로 해, 내가 행동하는 대로 따라 하지 말고」라는 의미에요. 자신은 옆으로 걸으면서 자식들에게 앞으로 똑바로 걸으라고 엄하게(?) 가르쳤던 엄마 게가 생각나는 표현이에요.

• **Don't put all your eggs in one basket** : 한군데 몽땅 걸지 마라

　　모 투자회사의 광고카피로도 유명한 「계란을 몽땅 한바구니에 담지 말라」는 말입니다. '올인'의 위험성에 대해 경고하는 말로, 분산투자를 하라는 얘기죠.

• **Keep your eyes wide open before marriage, half shut afterwards** :
결혼 전에는 눈을 크게 뜨고 결혼 후에는 반쯤 감아라

　　행복한 결혼생활을 위한 현명한 충고네요. 결혼 전에는 눈을 크게 뜨고(keep your eyes wide open) 이 사람이 과연 나와 한평생을 해로하기에 적합한 사람인지 잘 살펴보고, 나중에(afterwards) 결혼한 후에는 눈을 반쯤 감고(half shut) 아내 혹은 남편의 허물을 너그럽게 보아 넘기라는 말입니다.

• **Laugh and the world laughs with you; weep and you weep alone** :
웃어라 세상이 너와 함께 웃을 것이다, 울어라 너혼자 울게 될 것이다

　　영화 『올드보이』에 등장하여 더욱 유명해진 말이죠. 원래는 Ella Wheeler Wilcox라는 시인의 시, *Solitude*의 첫부분입니다. 남의 불행에 무심 혹은 냉담한 세상을 잘 나타내는 말이죠. 참고로 weep은 「울다」라는 뜻이에요.

• **Read my lips** : 믿어주세요

　　「내 입술(lips)을 읽어봐주세요」즉 말한 것은 분명히 지킬테니 「믿어달라」는 얘기입니다. 1988년 George Bush가 선거공약을 지킬 것을 약속하며 한 말이에요.

• **Seize the moment** : 때를 놓치지 마라

　　「순간을 잡아라(seize)」, 즉 「기회가 오면 붙잡아라」, 「때를 놓치지 마라」라는 말이죠. Seize the day라고도 하고, 영화 『죽은 시인의 사회』에 나왔던 Carpe diem이라는 라틴어 표현도 같은 뜻입니다.

～하지 마

기본패턴문형

Don't＋동사원형

이번에는 뭔가를 '하지 말라고' 하는 금지의 명령문을 연습해봐요. 간단합니다. 명령문 앞에 Don't만 붙이면 되거든요. 즉 'Don't＋동사원형～'의 형태가 되는 거지요. 한번 해볼까요?

응용 1

Don't～ 다음에 다양한 be＋형용사를 넣어봅시다.

Don't be late
　　　　　be동사의 원형

「늦지마」라는 말입니다. Don't 다음에 be동사의 원형인 be가 오는 경우죠. be동사 다음에는 명사나 형용사가 올 수 있지만 명령문으로 쓰이는 것은 대개 be＋형용사의 형태입니다.

Don't **be sorry**	미안해하지 마.
Don't **be noisy**	시끄럽게 굴지 마.
Don't **be silly**	바보같이 굴지 마.
_____	긴장하지 마.

noisy 시끄러운 ｜ silly 바보같은

정답: Don't be nervous

A: I'll pick you up tomorrow at 7 a.m.
B: Don't be late.

A: Don't be sorry. You'll learn from your mistake.
B: You're so kind.

A: 내일 아침 7시에 데리러 올게.
B: 늦지마.

A: 미안해하지 말아요. 실수를 하면서 배우는 거니까.
B: 정말 자상하시네요.

응용 Don't~ 다음에 다양한 일반동사를 넣어봅시다.

Don't **worry about it**
일반동사의 원형

「(그것에 대해서) 걱정하지 마」라는 표현이죠. 사과 또는 감사에 대한 대답으로 사용되는 말입니다. Don't 다음에 일반동사의 동사원형이 온 경우예요.

Don't **do that**	그런 짓 하지 마.
Don't **bother me**	귀찮게 하지 마.
Don't **forget to call him**	걔한테 전화하는 거 잊지 마.
_____	울지 마.

bother 괴롭히다, 귀찮게 하다   정답: Don't cry

A: I'm so sorry. I made a big mistake.
B: Don't worry about it. It's not a big deal.

A: It's your uncle's birthday. Don't forget to call him.
B: I'll do that right now.

A: 정말 미안해. 내가 큰 실수를 했어.
B: 걱정하지 마. 별거 아니야.

A: 삼촌 생신이야. 전화드리는 거 잊지마.
B: 지금 전화할게.

응용 Never~ 다음에 다양한 일반동사를 넣어봅시다.

Never **mind**
일반동사의 원형

mind는 「신경쓰다」, 「꺼림직하게 생각하다」라는 의미의 동사로 위 문장은 「신경쓰지 마」라는 말이에요. Don't 대신에 Never를 써서 좀더 강한 의미를 전달할 수 있습니다.

Never **give up**	절대 포기하지 마.
Never **say die**	약한 소리 하지 마.(관용표현)

give up 포기하다

A: You shouldn't quit. Never give up.
B: But this is really difficult to do.

A: I can't find a good job.
B: Never say die. You must keep trying.

A: 그만두면 안돼. 절대 포기하지 마.
B: 하지만 정말 어려운 일이란 말야.

A: 적당한 일자리를 찾을 수가 없네.
B: 약한 소리 마. 계속 시도해봐야 한다구.

Let을 이용한 명령문 만들기

기본패턴형

Let us ㅣ me ＋동사원형

let은 'let＋목적어＋동사원형'의 형태로 (목적어가 동사원형의 동작을 하는 것을) 「허용하다」, 「놔두다」라는 의미입니다. 목적어로 us를 쓴 'Let us＋동사원형'은 보통 'Let's＋동사원형'으로 축약하여 나타내는, 유명한 「…하자」라는 선동(?) 표현이죠. 그밖에 「내가 …할게」, 혹은 「내게 …해줘」라는 의미로 아주 많이 쓰이는 'Let me＋동사원형'의 표현을 알아보죠.

응용 **1**

Let us(=Let's)~ 다음에 다양한 동사를 넣어봅시다.

Let's go to the movies
Let us의 축약   동사원형

「영화보러 가자」라는 말이죠. Let us는 Let's로 축약해서 사용하는 것이 일반적입니다. 「…하자」라는 의미이지요.

Let's **try this one**	이거 한번 먹어보자(해보자).
Let's **take a coffee break**	잠깐 커피 마시며 쉬자구.
Let's **go Dutch**	더치페이 하자.
＿＿＿＿＿＿＿＿＿ **this weekend**	이번 주말에 골프치자.

take a break 잠깐 쉬다 | go Dutch (음식값 등을) 각자 내다   정답: Let's play golf

A: We've been working hard all morning.
B: I agree. Let's take a coffee break.

A: Let's play golf this weekend.
B: We can't. It's supposed to rain.

A: 오전 내내 열심히 일했네.
B: 맞아. 잠깐 커피 마시면서 쉬자.

A: 이번 주말에 골프치자.
B: 안돼. 비가 온댔어.

응용 2

Let me~ 다음에 다양한 동사를 넣어봅시다.

Let me think about it
동사원형

「(그것에 대해) 생각해볼게」라는 말입니다. 「Let me＋동사원형」은 직역하면 「내가 …하게 해줘」라는 의미이지만 상대방의 허락을 구하는 뉘앙스의 표현은 아닙니다. 「내가 …할게」 라고 상대에게 제안하거나 알려주는 정도의 뉘앙스지요.

Let me **see**	어디 보자...(잠깐 생각해볼 때)
Let me **help you with your baggage**	짐 드는 것 도와줄게요.
Let me **get you some coffee**	내가 커피 갖다줄게.
_____ **you a question**	뭐 하나만 물어보자.

baggage 짐　get＋사람＋사물 …에게 ~을 갖다주다(사다주다)　　정답: **Let me ask**

이렇게 얘기 해봐요!

A: Let me help you with your baggage.
B: Thanks. These suitcases are heavy.

A: I feel really sleepy.
B: Let me get you some coffee. It will wake you up.

A: 짐 드는 것 도와줄게요.
B: 감사합니다. 여행가방들이 무겁네요.

A: 굉장히 졸려.
B: 내가 커피 갖다줄게. 잠이 깰 거야.

응용 3

Let me know를 이용한 표현들을 알아봅시다.

Let me know what you think
동사원형　　의문사로 시작하는 명사절

「네가 어떻게 생각하는지(what you think) 알려줘」라는 말입니다. Let me know는 「내가 알게 해줘」 즉 「내게 알려줘」라는 의미인데요, 뒤에 의문사를 이용한 명사절을 붙여 어떤 내용을 알려달라는 것인지 구체적으로 말할 수 있습니다.

Let me know **when you can come**	언제 올 수 있는지 알려줘.
Let me know **how to use it**	이거 어떻게 사용하는지 알려줘.
_____	어디로 가는지 알려줘.

how to＋동사원형 …하는 방법(명사절)　　정답: **Let me know where you go**

이렇게 얘기 해봐요!

A: Let me know what you think.
B: Hmm... I have to think about it for a second.

A: Let me know when you can come.
B: I have free time this Friday.

A: 네 생각은 어떤지 알려줘.
B: 음… 잠깐 생각 좀 해봐야겠어.

A: 언제 올 수 있는지 알려줘.
B: 이번 주 금요일에 시간 있어.

14

의문사
100% 활용하기

What ...

What, When, Where, Who, Why, Which 등의
의문사를 이용하여 의문문을 만들어봐요. 주로 어순은
'의문사＋조동사＋주어＋동사~?' 가 되죠.

'정체'를 물어볼 땐 What

What+be동사 | 조동사~?

의문사 what은 「무엇」인지를 물어볼 때 사용합니다. 의문사를 이용한 의문문은 '의문사 +be동사나 조동사+주어~?,' 혹은 '의문사+be동사나 조동사(+목적어나 보어)~?' 의 어순이 되죠.

응용 1 What is your~ **다음에 다양한 명사를 넣어봅시다..**

What is your online chatroom ID?
            be동사   명사

「인터넷 채팅방에서 네 아이디가 뭐야?」,라는 표현이죠. 이렇게 「What is your+명사?」의 형태로 상대방에게 궁금한 것을 물어볼 수 있습니다. What is~?는 What's~?로 축약되어 쓰이는 경우가 많다는 것도 알아두세요.

What is **your cell phone number?**	핸드폰 번호가 어떻게 돼요?
What is **your favorite food?**	좋아하는 음식이 뭐야?
What is **your suggestion?**	뭘 제안하는 거죠?
_____?	네 이메일 주소가 어떻게 돼?

favorite 굉장히 좋아하는 | suggestion 제안

정답: What is your e-mail address?

A: Can you call me tomorrow morning?
B: Yeah. What is your phone number?

A: What is your favorite food?
B: I like pizza with extra cheese and pepperoni.

A: 내일 아침에 전화해줄래요?
B: 그러죠. 전화번호가 어떻게 되죠?

A: 좋아하는 음식이 뭐야?
B: 피자를 좋아해. 치즈와 페퍼로니를 추가로 얹은 걸로.

236

What are you~ 다음에 다양한 동사의 ~ing 형태를 넣어봅시다.

What are you looking for?

be동사　주어　~ing

「뭘 찾고 있어?」라는 말입니다. 상점에서도 들을 수 있죠. You are looking for~ 의 진행형(be +~ing) 문장을 의문문으로 만든 거예요. 즉, 원래의 문장에서 ① 의문사 What을 맨앞으로 가져오고 ② 주어 you와 be동사 are의 위치를 바꾸면 What are you looking for?가 되는 거죠. 다양한 진행형 문장을 what의문문으로 만들어 「지금 무엇을 …하고 있는지」 물어보도록 합시다.

What are **you doing here?**	여기서 뭐하고 있는 거야?
What are **you going to do?**	뭘 할 거야?(어떻게 할 거야?)
_____ **?**	뭘 듣고 있는 거야?

be going to + 동사 …할 것이다

정답: What are you listening to?

A: What are you looking for?
B: I need to find an umbrella.

A: What are you listening to?
B: It's a CD of my favorite rock band.

A: 뭘 찾고 계시나요?
B: 우산을 사려구요.

A: 뭘 듣고 있는 거야?
B: 내가 좋아하는 락밴드의 CD야.

→ 영어회화 지식Box: 「What is your + 명사 ?」의 다른 표현들

What is your...?는 상대에 대한 관심을 표현하는 데 있어서 아주 유용하게 쓰이는 문형이죠. 하지만 이름을 물어볼 때만은 이 문형을 사용하지 마세요. What is your name?이라고 물어보면 마치 선생님이 학생의 이름을 묻는 것처럼 느껴질 수 있으니까요. 그럴 땐 다음 표현들을 한번 사용해보세요.

Would you tell me your name?
이름을 말씀해 주시겠어요? ○ 공손하게 물어볼 땐 would를 쓴다는 거 잊지 않았죠? (p.104)

I'd like to know your name.
당신 이름이 알고 싶군요. ○ I'd like to + 동사원형은 「…하고 싶다」는 뜻이에요. (p.100)

May I have your name?
이름을 알려주시겠습니까? ○ may 역시 상대의 허가를 구하는 공손한 느낌의 조동사죠. (p.116)

응용 1에 나왔던 표현들 모두 이런 식으로 바꿔 말할 수 있답니다.

3 What do you think of my new car?
조동사　주어　　동사원형

「내 새 차에 대해서 어떻게 생각해?」라는 의미죠. what은 '무엇'을 뜻하지만 what do you think 를 우리말로 옮기면 '어떻게' 생각하느냐가 되는 것에 주의하세요. 일반동사가 들어간 문장에서는 의문사 다음에 조동사를 쓰죠. 그래서 「의문사＋조동사＋주어＋동사원형～?」의 형태가 된답니다.

What do **you mean?**	무슨 소리야?
What do **you call this flower?**	이 꽃은 뭐라고 불러?
What do **you do?**	어떤 일을 하세요?(직업이 뭔가요?)

mean 의미하다

A: What do you think of my new car?
B: Well, it looks great.

A: I'm a teacher. What do you do?
B: I work as a computer salesman.

A: 내 새 차 어떻게 생각해?
B: 음, 근사해보이네.

A: 전 교사예요. 무슨 일을 하세요?
B: 컴퓨터 판매원으로 일하고 있어요.

4 What can I do for you?
조동사　주어　동사원형

「당신을 위해서 뭘 해드릴까요?」, 즉 「무엇을 도와드릴까요?」라는 말입니다. 여기서는 조동사로 do 가 아닌 can이나 should 등 기타 여러가지 조동사가 쓰인 문형을 알아보기로 합니다.

What should **I do?**	내가 어떻게 해야 하는 거지?
What should **I tell her?**	걔한테 뭐라고 말해야 하는 거지?
What would **you like?**	뭘 드실래요?
What can **we do for her?**	우리가 걔한테 뭘 해줄 수 있겠어?

A: What can I do for you?
B: Can I have a refund for this shirt?

A: My car won't start. What should I do?
B: Call a repair shop.

A: 무엇을 도와드릴까요?
B: 이 셔츠 환불해주시겠어요?

A: 자동차 시동이 안걸려. 어떻게 해야 하지?
B: 정비소에 전화해.

What time **is it now?**

be동사 주어

그 유명한 「지금 몇시죠?」라는 질문입니다. What은 '무엇' 인지를 묻는 의문사이지만 What time
은 '언제' 인지를 묻는 표현입니다. time이 들어가 있으므로 월요일쯤, 다음달쯤이 아니라 몇시 몇분
과 같이 아주 구체적인 시간을 물어볼 때 사용하는 표현이죠. 어순은 What time을 한 덩어리로 생
각해, 'What time+be동사나 조동사+주어~?' 로 물어보면 됩니다.

What time **does the game start?**	시합은 몇시에 시작해?
What time **does the restaurant close?**	식당은 몇시에 문을 닫아요?
What time **is good for you?**	몇시가 좋아요? (약속 정할 때)
_____?	너 몇시에 왔어?

be good for …에게 좋다(적합하다).   정답: What time did you come?

A: What time does the game start?   A: 시합은 몇시에 시작해?
B: It begins at 7 this evening.   B: 오늘 저녁 7시에 시작해.

A: Let's meet again next week.   A: 다음 주에 다시 만나죠.
B: That's fine. What time is good for you?   B: 좋아요. 몇시가 좋으세요?

What kind of **food do you like?**

명사   조동사+주어+동사원형

「어떤 음식을 좋아해?」라는 질문입니다. 'What kind of+명사~?' 의 형태로 '어떤 종류의 것' 인
지 물어보는 의문문이죠. 역시 'What kind of+명사~?' 를 한 덩어리로 생각해서, 뒤에 'be동사
나 조동사+주어~?' 의 어순이 이어지게 됩니다.

What kind of **car did you buy?**	어떤 종류의 차를 샀어?
What kind of **girl do you want to marry?**	네가 결혼하고 싶은 건 어떤 여자야?
_____?	넌 어떤 종류의 영화를 좋아해?

정답: What kind of movies do you like?

A: What kind of girl do you want to marry?   A: 어떤 여자하고 결혼하고 싶어?
B: I'd prefer a girl who is intelligent.   B: 지적인 여자가 좋아.

'원인'을 묻는데도 What을 쓸 수 있다구?

What makes you + 동사원형?

'주어+make+사람+동사원형'이라고 하면 「주어가 …를 ~하게 만들다」라는 의미죠. 그래서 What makes you+동사원형?으로 물어보면 「무엇이 너를 …하게 만들었니?」, 즉 「어째서 …하는 거니?」라는 의미가 된답니다. '무엇'을 의미하는 What으로 물어보고 있지만, 실은 '원인'을 물어보는 의문문이 되는 거죠.

응용
1

What makes you~ 다음에 다양한 동사를 넣어봅시다.

What makes you say so?
<u>make+목적어+동사원형</u>

조금 발음하기가 힘든가요?^^ 「어째서 그렇게 말하는 거니?」라는 말이죠. Why do you say so? 와 같은 의미이지만 좀더 돌려서 물어보는 표현입니다. 과거에 한 행동에 대해서 물어보고 싶으면 makes 대신 made를 넣어 물어보면 돼요.

What makes you **think you're right?**	어째서 네가 옳다고 생각하는 거야?:
What makes you **believe her lies?**	어째서 걔가 하는 거짓말을 믿는 거야?
What made you **come here?**	여긴 어쩐 일로 왔어요?
_____?	어째서 일을 그만뒀어요?

quit one's job 일을 그만두다   정답: What made you quit your job?

A: I have a feeling that Jill is going to quit her job.
B: What makes you say so?

A: What made you quit your job?
B: I really hated to wake up early.

A: 질이 직장을 그만두려는 것 같아.
B: 왜 그렇게 말하는 거야?

A: 어째서 일을 그만둔 거야?
B: 일찍 일어나기가 정말 싫더라구.

What brings you **to my house?**

bring+사람+to+장소

직역하면 「무엇이 너를 우리 집으로 데려왔니?」라는 뜻으로, 「우리 집엔 어쩐 일이야?」라는 말입니다. 결국 '여기에 온 이유'를 묻는 말인 거죠. '왜 왔어?'라고 묻는 것보다 훨씬 부드러운 표현이죠? 현재의 일에 대해서는 What 'brings' you to+장소?를, 과거의 일에 대해서는 What 'brought' you to+장소?를 써서 이유를 물어봅시다.

What brings you **here?**	여긴 어쩐 일이야?
What brings you **to my office?**	사무실엔 웬일로 왔어?
What brings you **to New York?**	뉴욕에는 어쩐 일이야?
What brought you **to the US?**	미국에는 어떻게 오게 됐어?
_____ **?**	미술관에는 어쩐 일이야?

정답: What brings you to the museum?

A: What brings you to my house?
B: I was in your neighborhood and wanted to say hello.

A: What brings you to New York?
B: My company sent me here on a business trip.

A: 저희 집에 어쩐 일로 오셨어요?
B: 이웃에 살았었는데 인사나 나눌까 해서요.

A: 뉴욕에는 어떻게 왔어?
B: 회사에서 여기로 출장을 보냈어.

'언제'냐고 물어볼 땐 When

기본패턴문형
When + be동사 | 조동사 ~?

시간이나 시기를 물어볼 때는 의문사 When을 사용해요. When 의문문의 어순 역시 What 의문문과 마찬가지로, ① 의문사를 맨 앞으로 ② be동사나 조동사를 의문사 뒤인 주어 앞으로 빼서 물어봅니다. When 의문문으로 물어보면 '몇시 몇분'이라는 구체적인 대답에서 부터 '오전'이나 '오후', '내년쯤' 등의 막연한 대답까지 다양하게 나올 수 있는 데요, 구체적인 시간을 물어볼 때 What time~?을 사용하기도 합니다.

응용 1

When~ 다음에 be동사+주어가 오는 의문문을 만들어 봅시다.

When is your birthday?
be동사   주어

「네 생일은 언제니?」라는 표현이죠. Your birthday is ...에서 모르는 부분을 When으로 대치하여 의문문 어순으로 만든 거예요. 의문사가 앞으로 오면 be동사(또는 조동사)가 주어 앞으로 나오게 된답니다.

When is **the check-out time?**	체크아웃 시간이 언제야?
When is **the report due?**	리포트는 언제까지야?
When was **the last time you saw her?**	걜 마지막으로 본 게 언제였어?
When are **you going to meet him?**	언제 그 남자를 만날 거야?
_____ ?	언제 집에 와?

be due+시간을 나타내는 부사구 …로 예정되어 있다, …까지이다   정답: When are you coming home?

이렇게 얘기 해봐요!

A: When is the check-out time in this hotel?
B: It's at twelve o'clock on weekdays.

A: When is the report due?
B: You have to submit it by next week.

A: 이 호텔 체크아웃 시간은 언제예요?
B: 주중에는 12시입니다.

A: 리포트는 언제까지야?
B: 다음 주까지는 제출해야 돼.

When~ 다음에 조동사(do) + 주어가 오는 의문문을 만들어 봅시다.

When does the movie start?
조동사   주어   동사원형

「영화가 언제 시작되지?」라는 말입니다. 동사가 be동사가 아니라 일반동사인 문장은 의문문으로 바꿀 때 조동사 do가 필요하다는 것, 기억나시죠?

When does **the store open?**	가게는 언제 열죠?
When do **you leave?**	언제 떠나?
_____ ?	언제 고등학교를 졸업했니?

graduate from ···를 졸업하다   정답: When did you graduate from high school?

A: When does the store open?
B: I think it will open at nine a.m.

A: When did you graduate from high school?
B: I graduated about ten years ago.

A: 이 가게는 언제 여는 거야?
B: 오전 9시에는 열 것 같아.

A: 고등학교는 언제 졸업하셨어요?
B: 한 10년쯤 전에 졸업했지.

When~ 다음에 기타 조동사 + 주어가 오는 의문문을 만들어 봅시다.

When can I start?
조동사   주어   동사원형

「언제 시작하면 돼?」라는 말입니다. 조동사로 가볍게 상대의 허가를 구할 때 쓰이는 can이 온 경우입니다.

When can **I stop by?**	내가 언제 들르면 돼?
When can **we get together?**	언제 만날까?
When will **you make a decision?**	언제 결정을 내릴 건가요?

stop by 잠깐 들르다   get together 만나다, 모이다   make a decision 결정하다

A: When can we get together to talk?
B: Let's meet for coffee on Monday.

A: I am not sure what to do about that.
B: When will you make a decision?

A: 언제 만나서 얘기할까?
B: 월요일에 만나서 커피마시자.

A: 그 일을 어떻게 처리해야 할지 모르겠어.
B: 언제쯤 결정을 내릴 건데?

'어디'냐고 물어볼 땐 Where를

Where + be동사 | 조동사~?

Where는 '장소'를 물어볼 때 사용하는 의문사입니다. 앞의 의문사와 마찬가지로 be 동사, 일반동사 그리고 기타 조동사가 쓰인 경우의 세 문형을 알아보기로 합니다.

Where~ 다음에 be동사+주어가 오는 의문문을 만들어 봅시다.

Where is the rest room?
   be동사   주어

「화장실이 어디예요?」라는 말입니다. is는 곧잘 의문사와 축약되므로 Where's~?의 형태로 많이 쓰이죠. 'Where+be동사+주어' 혹은 'Where+be동사+주어+~ing' 의 어순을 갖는 여러가지 where 의문문을 만들어봐요.

Where is **the nearest drugstore?**	제일 가까운 잡화점이 어디죠?
Where is **Karen now?**	캐런은 지금 어디 있어?
Where are **you going?**	어디 가?
Where were **you?**	너 어디 있었어?
_____ **?**	주유소가 어디예요?

drug store 약, 생필품 등을 파는 잡화점 | gas station 주유소

정답: Where is the gas station?

이렇게 얘기 해봐요!

A: Where is the bathroom?
B: It's down the hall and to your left.

A: 화장실이 어디예요?
B: 복도를 따라가다 왼쪽에 있어요.

A: Where are you going?
B: I want to take a walk around the park.

A: 어디 가니?
B: 공원 근처에 산책하러 가려고.

Where~ 다음에 조동사(do)+주어가 오는 의문문을 만들어 봅시다.

Where do you live now?

조동사   주어   동사원형

「너 지금 어디 살아?」라는 말입니다. 일반동사가 쓰인 문장을 Where 의문문으로 만든 경우죠.

> Where do **you want to stop for breakfast?**   아침 먹으러 어디에 들르면 좋겠어?
>
> Where did **you buy this sweater?**   이 스웨터 어디서 샀어?
>
> _____?   걔를 어디서 봤어?

stop for breakfast 아침먹으러 들르다   정답: Where did you see him?

A: Where do you want to stop for breakfast?   A: 아침 먹으러 어디 들르면 좋겠어?
B: Let's go to a pancake restaurant.   B: 팬케익 파는 식당에 가자.

A: Where did you buy this sweater?   A: 이 스웨터 어디서 샀어?
B: I got it on sale at a department store.   B: 백화점에서 염가판매하는 걸 샀어.

Where~ 다음에 기타 조동사+주어가 오는 의문문을 만들어 봅시다.

Where can I find shoes?

조동사   주어   동사원형

백화점이나 상점 등에서 원하는 물건을 어디서 파는지 물어볼 때 유용하게 쓸 수 있는 표현입니다. 직역하면 「신발은 어디에서 발견할 수 있나요?」, 즉 「신발은 어디 있어요?」라는 의미죠. Where can I buy shoes?라고 해도 됩니다.

> Where can **I meet you?**   어디서 만날까?
>
> Where can **I put this package?**   이 소포 어디다 놓을까?
>
> Where should **we go?**   우리, 어디로 가야 하지?

package 소포

A: Where can I find shoes?   A: 신발은 어디서 팔아요?
B: They are at the end of this aisle.   B: 이 통로 끝에서요.

A: We can take a vacation together this summer.   A: 올 여름에 휴가여행을 같이 가자.
B: Where should we go?   B: 어디로 가지?

'누구'냐고 물어볼 땐 Who를

기본패대문형
Who+be동사 | 조동사~?

who는 '누구'라는 의미로 여타 의문사와는 달리 동작의 주체가 될 수 있는 자격이 월등합니다. 이런 관계로 who로 만드는 의문문은 다른 의문사의 경우에 비해 주어로 쓰이는 경우가 훨씬 많게 됩니다.

응용 1

Who~ 다음에 be동사+주어가 오는 의문문을 만들어 봅시다.

Who is **your favorite singer?**
<u>be동사</u>　　　　　　<u>주어</u>

「좋아하는 가수가 누구야?」라는 뜻이죠. Who 다음에 be동사가 나온 의문문입니다.

Who is **it?**	누구세요? (밖에 누가 왔을 때)
Who is **calling, please?**	전화하는 분은 누구세요?
Who is **next in line?**	다음 분은 누구죠? (창구 등에 줄서있는 고객들에게)
Who is **in charge of customer service?**	고객 서비스를 담당하는 분은 누구죠?
_____ **?**	누가(어느 팀이) 이기고 있어?

in line 줄 서 있는 | be in charge of …를 담당하다　　　　　정답: Who is winning the game?

이렇게 얘기 해봐요!

A: I need to speak to Professor Kimberly.
B: She is busy right now. Who is calling, please?

A: Who is in charge of customer service?
B: You need to talk to Ms. Kane.

A: 킴벌리 교수님하고 통화해야 하는데요.
B: 교수님은 지금 바쁘세요. 누구신데요?

A: 고객 서비스를 담당하는 분이 누구죠?
B: 케인 씨하고 말씀하셔야겠네요.

246

응용 2 ──── Who's going to~ 다음에 동사원형을 넣어 봅시다.

Who is going to **help her?**
동사원형

be going to+동사원형은 「…할 것이다」라는 뜻이라고 했던 것, 기억나세요?(p.27) 그래서 위 문장은 「그 여자를 누가 도와줄 거지?」라는 말입니다. Who's going to+동사원형?으로 「누가 …할 거지?」라는 의미를 나타내죠. 아예 한덩어리로 외워둡시다.

Who's going to **pick us up at the airport?**   누가 공항으로 우릴 데리러 오죠?

Who's going to **pay for dinner?**   누가 저녁식사를 내나요?

_____ **?**   이 자전거는 누가 고칠 거지?

---

pick+사람+up …를 차로 마중나가다 fix 고치다, 수리하다   정답: Who is going to fix this bicycle?

A: Who's going to help her?   A: 누가 걔를 도와줄 거지?
B: I will. Where is she now?   B: 내가 도울게. 그런데 걘 지금 어딨어?

A: Who's going to pick us up at the airport?   A: 누가 공항으로 우릴 데리러 오지?
B: Well... we'll have to take a shuttle bus.   B: 그게…우린 셔틀버스를 타야 할 거야.

응용 3 ──── Who~ 다음에 조동사+주어가 오는 의문을 만들어 봅시다.

Who did **you have lunch with?**
조동사   주어   동사원형

「누구랑 같이 점심 먹었어?」라는 말이죠. have lunch with+사람은 「…와 함께 점심먹다」라는 뜻으로, 의문문으로 만들 때 전치사 with를 빼먹지 말고 쓰도록 해야 해요. 'Who+조동사+주어+동사원형'의 어순을 갖는 의문문에서는 주로 과거의 일을 물어보는 did가 빈번하게 쓰여요.

Who did **you sell your car to?**   차를 누구에게 팔았어?

Who did **you sit next to at the party?**   그 파티에서 누구 옆에 앉아있었어?

Who did **you send that e-mail to?**   이 이메일은 누구에게 보낸 거야?

---

next to …옆에

A: Who did you have lunch with?   A: 점심 누구랑 같이 먹은 거야?
B: Mr. Bickerman, one of our biggest clients.   B: 비커맨 씨라고, 중요한 고객이야.

A: Who did you sell your car to?   A: 차를 누구에게 팔았어?
B: A student at my school bought it.   B: 우리 학교 학생 한 명이 샀어.

Why로 '이유'도 묻고 '제안'도 하고

Why+be동사 | 조동사~?

Why는 '이유'를 물어보는 의문사입니다. 상대방 언행의 원인을 알고자 할 때 사용하면 됩니다. 주의할 점은 Why don't you ~?의 경우는 이유를 물어보는 게 아니라 「…하는게 어때?」하고 상대방에게 부드럽게 제안하는 표현이라는 점이에요.

응용 1 ──── Why+be동사/조동사~?의 형태가 이유를 나타내는 의문문을 살펴봅시다.

Why do you think so?
조동사   주어   동사원형

「왜 그렇게(so) 생각하는 거야?」라는 질문입니다. 앞서 what 의문문에서 다루었던 What makes you think so?와 같은 의미죠. why 의문문은 상당히 직접적으로 이유를 묻는 표현이므로 손윗사람이나 어려운 상대에게는 마치 이유를 따지는 듯 들릴 수 있어요. 그럴 땐 간접적인 표현인 What makes you think so?를 사용하는 것이 좀더 부드럽죠.

> **Why were** you absent yesterday?   어제 왜 결석했어?
> **Why do** you get up so early these days?   요즘 왜 그렇게 일찍 일어나니?
> _____ ?   뉴욕에는 왜 갔던 거야?

absent 참석하지 않은   정답: Why did you go to New York?

A: Why were you absent yesterday?   A: 어제 왜 결석했지?
B: My mother was sick and we went to the hospital.   B: 어머니가 아프셔서 병원에 갔었거든요.

A: Why do you get up so early these days?   A: 요즘 왜 그렇게 일찍 일어나니?
B: I exercise before going to work.   B: 출근하기 전에 운동을 하거든.

Why don't you rent a car?
조동사　　　주어　　　동사원형

「차를 임대하지 그래?」라는 표현입니다. 'Why don't you+동사원형?' 은 「…하지 그래?」, 「…하는 게 어때?」라고 제안하는 표현입니다. you 대신 we를 써서 'Why don't we+동사원형?' 을 사용하면 「우리 …하자」고 제안하는 표현이 되죠.

Why don't you **try it on?**	그거 입어봐.
Why don't you **go by train?**	기차를 타고 가렴.
Why don't we **go for a drive?**	우리 드라이브 가자.
_____ **?**	우리 점심 먹을까?

try on 입어보다　go for a drive 드라이브가다　have lunch 점심먹다　　　정답: Why don't we have lunch?

A: Do you think this shirt will fit me?　　　A: 이 셔츠 나한테 어울릴 것 같아?
B: Why don't you try it on?　　　　　　　B: 한번 입어보지 그래?

A: Why don't we go for a drive?　　　　　A: 우리 드라이브 갈까?
B: That's a great idea. I'm a little bored.　B: 그거 좋은 생각이야. 좀 따분했는데.

→ 영어회화 지식Box: Why not?

Why not?이라고 하면 두가지 의미로 쓰일 수 있습니다.

　① 「왜 안돼?」라고 물어보는 표현
　② 「안될 거 뭐 있어?」라고 반문하는 표현, 즉 「되구 말구」라는 흔쾌한 승락, 동의의 표현입니다.

A: I'm not going to the party.　　　나 그 파티에 안갈래.
B: **Why not?**　　　　　　　　　　왜 안가?

A: Shall we go shopping?　　　　　쇼핑갈래?
B: **Why not?**　　　　　　　　　　좋구 말구.

How는 '어떻게,' 혹은 '어떤지'

기본패턴문장
How + be동사 | 조동사~?

How는 '방법'이나 '수단'을 나타내는 대표적인 의문사입니다. be동사와 함께 쓰이면 '어떤지' 혹은 '어땠는지' 상태를 물어보는 말이 되기도 하지요. 아울러 'How about+명사?'의 형태로 간단하게 상대의 의향을 물어보는 방법도 익혀보도록 합시다.

응용 **1**

How~ 다음에 be동사+주어가 오는 의문문을 만들어 봅시다.

How <u>was</u> <u>your trip?</u>
　　　be동사　　주어

「여행은 어땠니?」라는 말입니다. Your trip was ~ 를 의문문으로 바꾸었다고 생각하면 되죠. 보통 '주어+be동사+형용사'의 문장에서 형용사가 How로 변하면서 주어와 be 동사가 도치되어 'How+be동사+주어?' 형태의 의문문이 된 거죠. 실회화에서 How is, How was는 축약되어 How's로 많이 사용됩니다.

How are **you**?	어떻게 지내? (안부인사)
How is **your cold**?	감기는 좀 어때?
How was **your summer vacation**?	여름방학은 어땠어?
_____ ?	어젯밤 콘서트는 어땠어?

cold 감기

정답: How was the concert last night?

이렇게 얘기 해봐요!

A: How is your cold?
B: It's not bad. I'm starting to feel better.

A: How was your summer vacation?
B: Great! We traveled to eight countries in Europe.

A: 감기는 좀 어때?
B: 그리 나쁘지 않아. 점차 나아지고 있어.

A: 여름 휴가는 어땠어?
B: 끝내줬지! 유럽 8개국을 돌아다녔다구.

How~ 다음에 조동사(do)+주어가 오는 의문문을 만들어 봅시다.

How do you like this Thai restaurant?
조동사 주어 일반동사

「이 태국 음식점 어때요?」하고 상대의 느낌을 물어보는 말입니다. 통째로 'How do you like+명사?'의 구문으로 외워두면 여기저기 요긴하게 사용할 수 있어요. 그밖의 'How+조동사(do)+주어 ~?' 형태의 How 의문문을 알아보기로 하죠.

How do you like my plan?	내 계획 어때?
How do you like your new job?	새 직장은 어때(새 일은 어때)?
How do I get to the airport?	공항까지 어떻게 가나요?
How do I turn on the stereo?	이 전축은 어떻게 켜는 거야?
_____ that in English?	그걸 영어로는 어떻게 말해?

get to+장소 …에 도착하다 turn on …을 켜다

정답: How do you say

A: How do you like your new job?
B: It's stressful. I don't enjoy it.

A: How do I turn on the stereo?
B: Press the round button. That turns on the power.

A: 새 직장은 어때? 일이 즐겁지가 않군.
B: 스트레스가 심해. 일이 즐겁지가 않군.

A: 이 전축은 어떻게 켜는 거예요?
B: 둥근 버튼을 누르세요. 그러면 전원이 들어와요.

How about~ 다음에 다양한 명사를 넣어 봅시다.

How about another cup of coffee?
명사

another cup of coffee는 직역하면 「또다른 한잔의 커피」이니, 결국 「커피 한잔 더 어때요?」라는 말이죠. 이렇게 How about 다음에 '명사나 ~ing'를 써서 「…하는 건 어때요?」라고 상대의 의향을 물어볼 수 있어요.

How about tomorrow evening?	내일 저녁은 어때?
How about you?	넌(네 생각은) 어때?
How about going out for dinner?	저녁먹으러 나가는 건 어때?

go out for dinner 저녁 먹으러 나가다

A: When can we meet each other?
B: How about tomorrow evening? I'm free.

A: 우리 언제 만날까요?
B: 내일 저녁 어때요? 난 한가한데.

How many는 '수'를, How much는 '양'을

How many I much ~?

수나 양이 얼마나 되는지 물어볼 때는 How many나 How much를 쓰죠. 셀 수 있는 명사의 '수'를 물어볼 때는 How many~?로, 셀 수 없는 명사의 '양'을 물어볼 때는 How much~?를 쓴답니다.

응용 **1**

How many~ **다음에 다양한** 셀 수 있는 명사**를 넣어봅시다.**

How many people came to the party?
셀 수 있는 명사

「얼마나 많은 사람들이(즉, 몇명이나) 파티에 왔니?」라는 말이죠. How many 다음에 셀 수 있는 명사인 people이 쓰인 경우예요. (몇명의) people came to the party에서 (몇명의) 부분을 How many로 바꿔 나타낸 것이라 따로 조동사를 쓰지 않고 일반동사의 과거형 came을 그대로 써 주었어요.

> How many **languages do you speak?**   몇개국어를 하세요?
> How many **bathrooms does this house have?**   이 집엔 욕실이 몇개예요?
> How many **times have you been to New York?**
>   뉴욕엔 몇번이나 가봤어요? (*여기서의 time은 「횟수」, 「번」의 의미로 셀 수 있는 명사라는 데 주의)
> _____**?**   물고기를 몇마리나 잡았어?

정답: How many fish did you catch?

A: How many languages can you speak?
B: I can speak English and Korean.

A: How many times have you been to Hollywood?
B: I've been there twice.

A: 몇개국어나 하세요?
B: 영어와 한국어를 할 줄 알아요.

A: 헐리우드엔 몇번이나 가봤어?
B: 두번 가봤어.

응용 **How much~** 로 셀 수 없는 명사의 '양' 을 물어봅시다.

How much **time will it take?**
               셀 수 없는 명사

「시간이 얼마나 걸릴까?」라는 말입니다. 뒤에 **to get there** 등의 **to**부정사를 붙이면 「거기 도착하려면 얼마나 걸릴까?」라는 의미가 되죠. 응용 1에서의 **How many times~?**와는 구별하세요. 응용 1에서의 **times**는 「횟수」, 「…번」이라는 '셀 수 있는 명사' 지만, 위 문장에서의 **time**은 「시간」으로 '셀 수 없는 명사' 입니다. 또한 **How much**는 뒤에 명사없이 **How much**＋조동사＋주어 ~? 형태로 가격을 물어보는데 간단히 **How much?**만으로도 「얼마예요?」라는 표현이 됩니다.

How much **are these bananas?**	바나나가 얼마예요?
How much **do you pay a month?**	한달에 (요금 등을) 얼마나 내?
How much **did it cost?**	그거 사는 데 얼마나 들었어?

pay 지불하다　**cost** (비용 등이) …가 들다

A: **How much time will it take to get there?**　　A: 거기 가는 데 시간이 어느 정도 걸려?
B: **About 5 or 10 minutes? It's not very far.**　　B: 한 5분이나 10분쯤? 그리 멀지 않아.

응용 **How~** 다음에 다양한 부사를 넣어 봅시다.

How often **do you play *Diablo*?**
     부사　　조동사　주어　　일반동사의 원형

「얼마나 자주(how often) 디아블로 게임을 해요?」라는 말이죠. 이처럼 의문사 How 뒤에 often, long, far, soon 등의 부사를 붙여서 물어볼 수 있어요. 'How＋부사' 를 한덩어리로 생각해서 조동사나 be동사는 그 뒤에 씁니다.

How far **is the nearest bus stop?**	제일 가까운 버스정류장이 얼마나 멀어?
How old **is the car you bought?**	네가 산 차, 얼마나 오래된 거야?
How long **have you been in Korea?**	한국에 계신지 얼마나 됐어요?
How soon **will you return to the US?**	언제쯤 미국으로 돌아갈 거야?

bus stop 버스 정류장

A: **How often do you play *Lineage*?**　　A: 얼마나 자주 리니지를 해?
B: **I used to play every day, but these days, I don't play at all.**　　B: 예전에는 매일 했는데 요즘에는 전혀 안해.

A: **How long have you been in Korea?**　　A: 한국에 계신 지 얼마나 됐어요?
B: **I've been here for about three years.**　　B: 3년 정도 있었네요.

'어느 것'이냐고 물어볼 땐 Which

기본뼈대문형

Which (+명사) +be동사 | 조동사~?

Which는 「어느 것」, 「어느 쪽」이라는 뜻으로, 주로 '선택'의 문제와 관련해서 쓰이는 의문사입니다. 두 가지 사이의 선택일 수도 있고 여러 가지 중에서 하나를 고르는 선택일 수도 있지요.

응용 1

Which(또는 Which + 명사)~ 다음에 다양한 동사를 넣어봅시다.

Which train goes to L.A.?
　　　　　명사　　　　동사

「어느 기차가 LA까지 가나요?」라는 물음입니다. 이처럼 Which나 Which + 명사를 이용하여 '어떤 것'이냐고 물어보는 의문문을 만들 수 있습니다.

Which part **was the funniest?**	어느 부분이 제일 재미있었어?
Which scarf **do you prefer?**	스카프 어느 게 좋아?
Which **is on sale?**	어느 게 세일하는 거예요?
Which **do you want to see next?**	다음으로는 어느 걸 보고 싶어?
_____ ?	역까지 제일 빠른 길이 어느 쪽이야?

prefer (둘 혹은 여럿 중에) 더 좋아하다 ｜ **on sale** 세일중의　　정답: Which is the shortest (way) to the station?

이렇게 얘기해봐요!

A: Which swimsuit do you prefer?
B: I think the polka dot bikini is pretty.

A: I loved the new Jackie Chan movie.
B: Which part was the funniest?

A: 어떤 수영복이 좋아?
B: 물방울 무늬 비키니가 예쁜 것 같은데.

A: 성룡 나오는 새 영화 진짜 재밌어.
B: 어느 부분이 제일 재밌었어?

응용 2

Which + (대)명사~? 구조의 간략한 의문문을 만들어 봅시다.

Which girl?

명사(또는 대명사)

「어느 여자애?」라고 물어보는 말입니다. 상대방이 언급은 하지만 자신이 확인되지 못했을 경우에 어떤 것(사람)인지 확인할 때 Which +명사?' 꼴을 활용하면 됩니다. 명사를 다시 언급하기도 귀찮을 땐 그저 간단히 Which one?이라고 해도 되구요.

Which one?	어떤 거 말야?
Which way?	어느 길(방법) 말인가요?
Which drink?	어떤 술(음료)?

A: Wow, that girl is really beautiful.
B: Which girl? I don't see her.

A: I like that green shirt.
B: Which one?

A: 이야, 저 여자애 진짜 예쁘다.
B: 어떤 여자애? 안보이는데.

A: 저 녹색 셔츠 맘에 들어.
B: 어떤 거 말야?

응용 3

Which~, A or B? 형태의 의문문을 만들어 봅시다.

Which do you prefer, the black one or the red one?

Which 의문문   A or B(선택 후보들)

prefer는 「…을 더 좋아하다」, 「선호하다」라는 의미로 위 문장은 「어느 게 더 좋아, 까만 것과 빨간 것 중에서?」라는 질문입니다. 이렇게 Which 의문문 바로 뒤에 이어서(혹은 Which 의문문 앞에서) 선택 후보들을 A or B의 형태로 말해주기도 합니다.

Which bag do you prefer, this one or that one?
이것과 저것 중 어느 가방이 더 좋아?
Which one is cheaper, this one or that one?   이것과 저것 중 어느 게 더 싸요?
Which is better, buying a car or saving money?
차를 사는 것과 저축하는 것 중 어느 게 더 나을까?
Which is lighter, the Italian red or the French red?
이탈리안 레드와 프렌치 레드 중 어느 색이 더 밝아요?

cheap 싼, 저렴한 · save 저축하다

A: Which is better, buying a car or saving money?
B: Which do you want more?

A: 차를 사는 것과 저축하는 것 중 어느 쪽이 더 나을까?
B: 어느 쪽이 더 하고 싶어?

chapter 14 • 의문사 100% 활용하기 255

빙 돌려 물어보기

Can you tell me + 의문사 ~?

Can you tell me~?는 「나에게 …을 말해줄래요?」라는 의미예요. 간접적으로 돌려서 물어
보는 것이기 때문에 특히 윗사람에게 물어볼 때나 어려운 사이에서 사용하기에 좋은 표현
이죠. 한가지 주의해야 할 점은 지금까지의 의문문에서는 주어와 동사의 순서가 바뀌었지
만 이처럼 의문문 자체가 tell처럼 동사의 목적절로 영입될 경우에는 주어와 동사의 순서가
바뀌지 않고 원래대로 사용하면 된다는 점입니다.

응용 1

Can you tell me~ 다음에 when, what, how 의문사절을 넣어봅시다.

Can you tell me when the sale ends?

의문사 + 주어 + 동사

「세일이 언제 끝나는지 말씀해주실래요?」, 즉 「세일이 언제 끝나나요?」라는 의미의 공손한 질문이
죠. Can 대신에 Would나 Could를 쓰기도 해요. Can you tell me까지 한덩어리로 외워두고, 그
뒤에 '의문사 + 주어 + 동사' 혹은 '의문사 + 동사'의 명사절을 만들어 붙여봅시다. 우선 when,
what, how를 이용한 명사절을 만들어 Can you tell me 뒤에 붙여보도록 해요.

Can you tell me what time **is good for you?**	언제가 좋은지 말해줄래요?
Can you tell me what **happened?**	무슨 일이 일어난 건지 말해줄래요?
Can you tell me how **to get to the museum?**	
	박물관으로 가려면 어떻게 가야 하나요?
Can you tell me how **you feel?**	기분이 어떤지 말해줄래요?
Can you tell me _____?	뭐가 필요한지 말해줄래?

how to + 동사 …하는 방법   get to + 장소 …에 도착하다

정답: what you need

A: Will you go grocery shopping for me?
B: Can you tell me what you need?

A: Can you tell me how to get to
   Yankee Stadium?
B: Sure. Catch the 87 bus across the street.

A: 식품점에 좀 다녀와줄래?
B: 뭐가 필요한데?

A: 양키 스타디움으로 가려면 어떻게 가야 하
   는지 말씀해주실래요?
B: 네, 길 건너에서 87번 버스를 타세요.

응용 2

Can you tell me~ 다음에 where, who, why, if절을 넣어봅시다.

Can you tell me where **the gas station is?**

의문사＋주어＋동사

「주유소(gas station)가 어디인지 말해줄래요?」, 「주유소는 어디인가요?」라는 의미죠. 이번에는 where, who, why를 이용한 의문사절을 붙여보세요. 『if＋주어＋동사』형태의 if절을 붙이면 「…인지 아닌지」 말해달라는 의미가 되죠. 또한 **Can you you tell me why?** 처럼 군이 구체적인 내용을 언급 안해도 서로 안다면 의문사만 달랑 써도 됩니다.

Can you tell me where **I can find stationery?**

문구류는 어디서 파는지 말해줄래요?

Can you tell me who**'s there please?** 누구신지요?(문밖에 누가 왔을 때)

Can you tell me if **he's alright?** 걔가 괜찮은지 아닌지 말해줄래요?

_____**?** 그분이 왜 화난 건지 말해줄래요?

stationery 문구류

정답: Can you tell me why she[he] is angry?

A: Can you tell me where the gas station is?   A: 주유소가 어딘지 말해줄래요?

B: Oh, it's over there. Can you see its sign?   B: 아, 바로 저기예요. 간판 보이죠?

응용 3

Can you tell me~ 다음에 다양한 명사를 넣어봅시다.

Can you tell me **some details?**

명사 (혹은 명사절)

「자세한 얘기를 좀 해줄래요?」라는 의미입니다. **Can you tell me** 다음에 명사 혹은 명사＋전치사구 등이 온 경우죠.

Can you tell me **your name?** 이름을 말씀해 주시겠어요?

Can you tell me **the address of that website?**

그 웹사이트 주소를 말씀해 주시겠어요?

Can you tell me **the way to the YMCA?** YMCA로 가는 길을 말해 줄래요?

A: I have some real estate you should look at.   A: 살펴보셔야 할 부동산을 좀 갖고 있는데요.

B: Can you tell me some details about it?   B: 자세하게 얘기해 보실래요?

15

문법에서 건진
영어회화 필수표현

회화필수 문법 정리

'문법' 이란 말만 들어도 두드러기가 나는 분들이 많겠지만,
사실 문법이란, 말을 하거나 글을 쓰는 데 꼭 필요한 '약속' 이잖아요.
까다롭고 외울 것 천지인 시험용 문법이 아니라,
나의 의사를 확실하게 전달하는 데 꼭 필요한 회화필수 문법들
몇가지만 짚고 넘어가자구요.

어제, 오늘, 그리고 내일 일을 말할 때

기문패대문형
현재 · 과거 · 현재완료 시제

「현재시제」는 지금 현재의 상태라든가 사실을 나타내는 것 외에도 반복되는 일이라든가 불변의 진리 등을 나타내므로 언제 현재시제를 써야 하는지 잘 알아두어야 해요. 「과거시제」는 말 그대로 과거지사에 쓰이는 시제로 과거시제 자체는 어려울 것이 없지만, 과거와 현재가 만나는 시점의 일을 말하는 「현재완료」 시제와의 구분에 중점을 두어 알아두셔야 합니다.

다양한 현재 시제 문장을 만나봅시다.

He likes to play golf
동사의 현재형 - 동사원형. 3인칭 단수형(-es)

「걘 골프치는 걸 좋아해」라는 의미입니다. 현재시제는 '동사원형'을 사용하거나 혹은 동사 끝을 -s (-es)로 변화시켜 사용(3인칭 단수의 경우)하는데요, ❶ 현재의 사실이나 현재의 상태를 표현할 때, ❷ 자주 반복되는 습관적인 일, ❸ 변치않는 진리, ❹ 가고 오는 것과 관련된 동사들(일명 왕래발착 동사)에서 미래시제를 대신하여 가까운 미래를 나타낼 때 쓰여요.

She likes dogs [현재의 사실 · 상태]	걘 개를 좋아해.
He gets up early these days [반복 · 습관적 동작]	걘 요즘 일찍 일어나.
History repeats itself [변치않는 사실]	역사는 반복되는 거야.
He starts for New York tomorrow [가까운 미래]	걘 내일 뉴욕으로 떠나.
We _____ [반복되는 동작]	우린 주말마다 등산을 해.

정답: go hiking every weekend

A: Jason gets up early these days.
B: Is he becoming a morning person?

A: When is your husband going to the US?
B: He starts for Boston tomorrow.

A: 제이슨이 요새 일찍 일어나네.
B: 아침형 인간이 되어가는 건가?

A: 남편은 언제 미국으로 가요?
B: 내일 보스턴으로 출발할 거예요.

다양한 과거 시제 문장을 만나봅시다.

He went to bed early
동사의 과거형 - 동사+ed, 혹은 불규칙 변화형

「걘 일찍 잠자리에 들었어」라는 말이죠 과거시제는 이미 과거에 끝난 동작을 나타내는 데 쓰여서, 가끔씩 지금은 그렇지 않다는 뉘앙스를 풍기기도 해요.

She was pretty [과거에 이미 끝난 동작]	걘 예뻤지.
They didn't know that [과거에 이미 끝난 동작]	걔들은 그걸 몰랐어.
He _____	걘 마음을 바꼈어.

change one's mind 마음을 바꾸다

정답: changed his mind

A: Hey, your sister was sleeping again in class. Did she stay up late last night?
B: No, she went to bed early.

A: 야, 네 여동생 수업시간에 또 자더라. 어젯밤에 늦게까지 안자고 있었나?
B: 아니, 일찍 자던데.

다양한 현재완료 시제 문장을 만나봅시다.

I have lost my key
현재완료형 - have(has) + 과거분사

「열쇠를 잃어버렸어」란 의미죠. 현재완료 시제를 사용했기 때문에 과거에 잃어버린 것을 지금도 찾지 못했다는 것까지 나타내고 있어요. 현재완료 시제는, ❶ 계속되다가 방금 막 끝난 '동작,' ❷ 경험(…한 적이 있다), ❸ 지금도 계속되고 있는 '상황,' (주로 for, since 등의 기간을 나타내는 표현들과 함께) ❹ 결과(…해버렸다) 등을 표현할 때 쓰이는 표현법이죠.

I have just read a book [방금 끝난 동작]	책을 방금 다 읽었어.
I have visited New York [경험]	뉴욕에 가본 적이 있지.
I have been in New York for 3 years [계속되는 상황]	3년째 뉴욕에 살아.
He has gone to New York [결과(…해버렸다)]	걘 뉴욕으로 가버렸어.
I _____	나 Brad Pitt를 만나본 적 있어.

정답: have met Brad Pitt

A: I have visited London.
B: Really? My brother has lived there for 3 years.

A: 나 런던에 가본 적 있는데.
B: 그래? 우리 형이 거기서 3년째 살고 있는데.

A: I have lost my key.
B: Did you look in your bag?

A: 나 열쇠를 잃어버렸어.
B: 가방 안은 살펴봤어?

가정법, 그냥 한번 상상해볼 때

기 본 빼 대 문 형

가정법 현재 · 과거 · 과거완료

가정법은 말 그대로 '가정(假定)해보는 것', 즉 그냥 한번 '이렇다면 어떨까?' 하고 상상해보는 것을 나타낼 때 쓰이는 표현법입니다. 복잡한 공식을 만들어 외우기 보다는 개념을 이해하는 것이 중요하죠.

응용 1 다양한 가정법 현재(…라면 ~할게)의 문장을 만나봅시다.

If he doesn't go, I won't go either

<u>if절엔 동사원형(또는 현재형)</u> <u>주절엔 will + 동사원형</u>

「걔가 안가면(doesn't go) 나도 안가(won't go either)」라는 말이죠. 「가정법 현재」의 문장은 if절의 동사가 현재형이라서 붙은 이름입니다. 이전에 조동사에 관해 얘기하면서 will은 주어의 '의지'를 나타낸다고 했는데요(p.118), 「가정법 현재」의 문장에서도 마찬가지입니다. if절에서 가정하고 있는 상황이 그대로 이루어진다면 '그렇게 하겠다'는 주어의 의지를 나타내는 것이 「가정법 현재」거든요. 「…라면 ~할게」로 해석됩니다.

If it is true, I will fire him	그게 사실이라면 그 녀석을 해고할 거야.
If you get some beer, I will buy a pizza	네가 맥주를 사온다면 내가 피자를 사지.
If you get an A, _____	네가 A를 받아오면 근사한 옷 사줄게.

fire 해고하다 | get 가져오다, 사오다 | get an A A학점을 받다

정답: I will buy you a nice dress

이렇게 얘기해봐요!

A: Are you going to the party tomorrow night?
B: If Derrick goes, I'll go too.

A: If you get some beer, I will buy a pizza.
B: That sounds good to me.

A: 내일 밤 파티에 갈 거니?
B: 데릭이 가면 나도 갈 거야.

A: 네가 맥주를 사온다면 내가 피자를 사지.
B: 그게 좋겠다.

응용 2

다양한 가정법 과거(…라면 ~할텐데)의 문장을 만나봅시다.

If I won the lottery, I could buy you something nice

if절엔 과거동사(be동사는 were)   주절엔 would, could, should, might + 동사원형

「내가 복권에 당첨된다면 너한테 뭔가 근사한 걸 사줄 수 있을텐데」라는 말입니다. 「가정법 과거」는 if절의 동사가 과거라서 붙여진 이름이죠. 하지만 '의미는 과거가 아니라 현재'라는 점을 조심, 또 조심해야 해요. 가정법 과거는 그냥 '상상이나 한번 해본다'는 느낌의 표현으로, '현재 상황은 사실 그렇지가 못하다'는 것을 나타냅니다.

> **If I knew her phone number, I would call her**
> 개 전화번호를 알고 있으면 전화할텐데.
>
> **If I were rich, I would have a vacation home** 내가 부자라면 별장을 갖고 있을텐데.
>
> _____, **Mom would be happy** 내가 이 시합 이기면 엄마가 기뻐할텐데.

vacation home 별장   정답: If I won the game

A: If I knew her phone number, I would call her.
B: Didn't you ask her for it?

A: If I were rich, I would have a vacation home.
B: Get real!

A: 개 전화번호를 안다면 전화할텐데.
B: 가르쳐달라고 안했어?

A: 내가 부자라면 별장이 있을텐데.
B: 꿈 깨라!

응용 3

다양한 가정법 과거완료(…했더라면 ~했을텐데)의 문장을 만나봅시다.

If I had known it, I wouldn't have gone there

if절엔 had + 과거분사   주절엔 would have + 과거분사(would대신 should, could, might도 가능)

「그 사실을 알았더라면(had known), 거기 가지 않았을텐데(wouldn't have gone)」란 의미죠. '가정법 과거완료'라는 이름은 if절의 동사가 과거완료 시제(had + 과거분사)라는 데서 나온 것입니다. 「…했더라면 ~했을텐데」하면서 이미 지난 과거의 일을 후회하는 표현이죠. 후회하는 표현이니 당연히 과거에 그런 일은 없었다는 전제가 깔려있겠죠?

> **If he had not liked it, he would have told you**
> 그게 맘에 안들었으면 개가 너한테 얘길 했겠지.
>
> **If I had had a key, I could have gone in** 열쇠가 있었으면 들어갈 수 있었을텐데.
>
> _____
> 내가 널 봤더라면 인사 했겠지.

정답: If I had seen you, I would have said hello

A: If I had known it, I wouldn't have gone there.
B: But you went. Don't regret it.

A: 그 사실을 알았더라면 거기 안갔을텐데 말이야.
B: 하지만 갔었잖아. 후회하지 말라구.

세상에, 이런 것도 다~ 가정법이었구나

기본패턴문형

가정법 관용표현들

가정법이라고 해서 반드시 if절과 주절로 이루어져 있는 것은 아닙니다. I wish~ 와 같이 나의 소망을 피력하는 표현이나 should have + 과거분사(…했어야 했는데)와 같이 과거의 일을 후회하는 표현들 역시 가정법을 사용한 표현들이죠.

 응용 1   I wish~ 다음에 이어지는 절에 동사의 과거/과거완료형을 넣어봅시다.

I wish **you** knew   (…라면 좋겠는데)
동사의 과거형(-ed 또는 불규칙 변화형)

I wish **I had studied** harder   (…였다면 좋았을텐데)
과거분사형(had + 과거분사)

첫번째 문장은 「네가 안다면 좋겠는데」라는 의미예요. 'I wish + 주어 + 동사의 과거형' 형태의 문장인데요, 동사의 과거형이 들어가기는 했지만 의미는 과거가 아니라는 점에 주의하세요. 또, 두번째 문장은 「좀더(harder) 열심히 공부했더라면 좋았을텐데」하고 과거에 그러지 못했던 것을 한탄하는 표현으로, 'I wish + 주어 + had + 과거분사' 의 형태입니다.

I wish I could **go with you**	너하고 같이 가면 좋을텐데.
I wish I were **rich**	내가 부자라면 좋을텐데.
I wish I hadn't done **that**	그러지 않았더라면 좋았을텐데.
_____	내가 차를 갖고 있다면 좋을텐데.

정답 : I wish I had a car

 이렇게 얘기 해봐요!

A: I'm going to visit Paris this summer.
B: I wish I could go with you.

A: I heard you were drunk and broke a window yesterday.
B: Yeah. I wish I hand't done that.

A: 올 여름에 파리에 갈 거야.
B: 나도 같이 갈 수 있으면 좋으련만.

A: 듣자하니 너 어제 취해서 창문을 깼다면서.
B: 그러지 않았더라면 좋았을 것.

264

응용 2

If I were you~로 내가 너라면~의 표현을 만들어 봅시다.

If I were you, I would tell her everything
동사의 과거형(be-)were)　　　　would+동사원형 (could, should, might도 사용가능)

「내가 너라면 말야, 걔한테 전부 말해버릴텐데」라고 하면서 충고하는 표현이에요. if절에는 '동사의 과거형'(be동사는 were)을 쓰고 주절에는 'would, should...+동사원형'을 사용하는 '가정법 과거'(…라면 ~할텐데) 문장입니다. 그러니 모습은 과거라도 현재의 의미로 「내가 너라면 …할텐데」라는 의미가 되는 거죠. If I were you 대신 If I were in your shoes(내가 네 입장이라면)라는 재미있는 표현을 쓰기도 해요.

> If I were you, I would **go to see a doctor**　내가 너라면 병원 가볼 거야.
>
> _____　내가 너라면 당장 걔한테 전화한다.

go to see a doctor 의사에게 가보다. 의사에게 진찰받으러 가다　　정답: If I were you, I would call her right now

이렇게 얘기 해봐요!

A: What if she learns my secret?
B: If I were you, I would tell her everything.

A: My ear really hurts.
B: If I were you, I would go to see a doctor.

A: 걔가 내 비밀을 알게 되면 어쩌지?
B: 내가 너라면 걔한테 전부 얘기하겠다.

A: 귀가 무지 아파.
B: 내가 너라면 병원 가보겠다.

응용 3

should have+과거분사 형태로 …했어야 했다고 후회하는 표현입니다.

I should have gotten up early this morning
should have + 과거분사

「오늘 아침에 일찍 일어났어야 하는 건데」, 어휴~ 그만 일찍 일어나질 못했다는 의미의 말입니다. if절 없이 딱 한문장이지만, 내용은 가정법의 내용이랍니다. 「가정법 과거완료」(If절은 had+과거분사, 주절은 would , should...+have+과거분사) 문장에서 if절을 생략하고 주절만 남겨놓은 모습이죠. 주절의 should는 '의무'를 나타내는 조동사이기 때문에 의미는 「(과거에) …했어야 했는데 (그러지 못했다)」는 내용이 되는 거예요.

> I shouldn't have bought **this new car**　이 새 차를 사지 말았어야 했는데.
> I shouldn't have met **him**　걜 만나지 말았어야 했어.

이렇게 얘기 해봐요!

A: I shouldn't have bought this new car.
B: Was it too expensive for you?

A: I should have gotten up early this morning.
B: Yeah, maybe you wouldn't have failed
   your presentation.

A: 이 새 차를 사지 말았어야 했어.
B: 너한테는 너무 비싼 차였니?

A: 오늘 아침에 일찍 일어났어야 했는데.
B: 그러게, 그랬으면 아마 프리젠테이션
   망치지 않았을텐데.

as ~ as로 비슷비슷한 것들 비교하기

(기)(본)(빼)(대)(문)(형)

~ as + 형용사 | 부사 + as + 명사 | 절

「…만큼 ~한」이라고 해석되는 as~as의 구문은 비슷비슷한 것들의 속성을 비교하는 데 아주 유용하게 쓰이는 구문이에요. as와 as 사이에는 키가 크다든가 나이가 많다든가 하는 「비교의 기준」이 들어가고 두번째 as 뒤에는 누구와 혹은 무엇과 비교하는지, 「비교하는 대상」이 들어가게 됩니다.

as~as 구문을 이용한 문장을 만들어 비교해 봅시다.

I'm as tall as Kevin
형용사(or 부사)　　　명사(or 대명사 or 절)

「난 케빈만큼 크다구」라는 말입니다. 첫번째 as 다음에는 '비교의 기준' 이 되는 「형용사나 명사」가 오고, 두번째 as 다음에는 '비교하는 대상' 이 되는 「명사나 대명사, 혹은 주어+동사로 이루어진 절」이 온답니다. 한가지, 비교하는 대상이 I, she, he 등 사람을 나타내는 대명사일 때, 원래는 주격인 I나 he, she가 와야 하지만 구어에서는 me, her, him을 더 많이 쓴다는 것도 알아두세요.

> **Leonardo DiCaprio is** as old as **Kim Je-dong**
> 레오나르도 디카프리오는 김제동하고 나이가 같아.
>
> **I don't get up** as early as **you**
> 난 너만큼 일찍 일어나지 않아.
>
> **I don't get up** as early as **you do**
> 난 너만큼 일찍 일어나지 않아.
>
> **Isn't it** as good as **you expected?**
> 생각했던 것 만큼 좋지가 않니?
>
> 걘 너만큼 영어를 잘 해.

expect 예상하다, 기대하다

정답: She speaks English as well as you

A: I'm not that short. I'm as tall as Kevin.
B: Why worry? A person's height is not important.

A: I wake up at 5 every morning.
B: I don't get up as early as you do.

A: 나 그렇게 작지 않아. 케빈만큼 크다구.
B: 왜 전전긍긍해? 키는 정말 아무것도 아닌데.

A: 난 매일 아침 5시에 일어나.
B: 난 너만큼 일찍 일어나지는 않아.

as~as 앞에 다양한 **배수**를 넣어봅시다.

He's twice as old as me
　　　　　배수　　형용사(or 부사)　명사(or 대명사 or 절)

「그 사람은 너보다 나이가 갑절은 많아」라는 말이죠. as~as 앞에 '배수'를 나타내는 twice(두배), three times(세배), four times(네배) 등의 단어가 오면 「···배 만큼 ~하다」라는 뜻이 된답니다.

> **It's** twice as big as **I expected**　　　　내가 생각했던 것보다 두배는 더 크네.
>
> **It's** half as expensive as **that one**　　　이것은 저것의 반값이잖아.
>
> **Her hair is** three times as long as **yours**　걔 머리는 너보다 세배는 길어.
>
> ＿＿＿＿＿＿＿＿＿＿＿＿＿＿＿＿＿＿＿　걘 Barry보다 두배는 빨리 달리지.

정답 : He runs twice as fast as Barry

A: Is this the table you bought from the TV
　 shopping program?

B: Yeah. It's twice as big as I expected.

A: Tim runs three times as fast as Ben.

B: I think Ben runs too slowly.

A: 이게 TV 홈쇼핑에서 산 탁자니?

B: 응. 근데 내가 생각했던 것보다 두배는
　 더 크네.

A: 팀은 벤보다 세배는 더 빨리 달리지.

B: 내 생각엔 벤이 너무 느린 것 같아.

가능한 한 ···하게라는 의미의 as~as possible 구문을 만들어 봅시다.

We need it as soon as possible
　　　　　　형용사(or 부사)　　형용사/부사(원래는 명사 or 대명사 or 절)

「우리는 그것이 '가능한 한 빨리' 필요해요」라는 의미의 말입니다. 원래 두번째 as 뒤에는 명사나 대명사, 절이 오게끔 되어있지만 위 문장에서처럼 형용사나 부사가 오는 경우도 있습니다. 뭐 굳이 품사를 따지지 않더라도 as~as possible, 혹은 as~as 주어+can은 「가능한 한 ···한」, 「가능한 한 ···하게」라는 의미의 숙어라 생각하고 외워두셔도 좋아요.

> **I'll be there** as soon as I can　　　　　　될 수 있는 한 빨리 갈게.
>
> **We need to clean up the room** as quickly as possible
> 　　　　　　　　　　　　　　　　가능한 한 빨리 이 방을 치워야 해.
>
> **Please give me a call** as soon as you can　가능한 한 빨리 전화해주세요.

be there 거기에 가다, 가 있다 ｜ give+사람+a call ···에게 전화하다

A: You forgot our date! I've been waiting here
　 for 1 hour!

B: Sorry. I'll be there as soon as I can.

A: 데이트를 깜박하다니! 여기서 한시간 동안
　 기다리고 있다구!

B: 미안해. 최대한 빨리 갈게.

이런 것도 알아두셔야 해요~

(기)(본)(빼)(대)(문)(형)
그밖에 놓치면 서운할 구문들

「굉장히 …해서 ~하다」(so~that...)든가 「…하기에 충분하다」(be enough to) 등, 일상생활에서 빈번하게 사용하게 되는 구문들을 익혀보는 자리를 가져봅시다.

 굉장히 …해서 ~할 수 없다는 의미의 so~that 구문을 알아봅시다.

It's so hot (that) I can't sleep

형용사/부사   that절(that은 생략가능)

「너무 더워서 잠을 잘 수가 없네」라는 표현이죠. 'so＋형용사/부사' 다음에 '(that)＋주어＋동사'가 나오면 「굉장히 …해서 that이하의 상황이 된다」는 말입니다. that을 생략하고 바로 주어＋동사의 '절'이 이어질 수도 있습니다.

He was so happy that he bought me a drink

걘 무척 기분좋아서 나한테 한잔 사더라.

I'm so tired that I can't think anymore

너무 피곤해서 더 이상 생각할 수 없어.

_____

난 너무 무서워서 움직일 수가 없었어.

scared 무서워하는, 겁에 질린

정답: I was so scared that I couldn't move

A: You look very tired. Didn't you sleep well last night?
B: It was so hot that I couldn't sleep.

A: I'm so tired that I can't think anymore.
B: You should get some sleep.

A: 너 굉장히 피곤해 보이는구나. 어젯밤에 잠을 잘 못잤니?
B: 너무 더워서 잘 수가 없었어.

A: 너무 피곤해서 더 이상 생각을 할 수가 없어요.
B: 좀 주무세요.

268

…할 수 있도록이라는 의미의 so that~ 구문을 알아봅시다.

Open the door so that the dog can come in
뒷문장의 내용이 되도록 '하기 위하여'

「개가 안으로 들어올 수 있게 문을 열어」라는 말이죠. 'so that＋주어＋동사' 의 형태로 「…하기 위하여」(in order that)라는 의미를 나타냅니다.

I'm waiting for you so that **I can apologize**   사과하려고 널 기다리는 중이야.
Send an e-mail right now so that **she gets it before noon**

그 여자가 정오 전에 받아볼 수 있도록 지금 당장 이메일을 보내요.

I won't tell her so that **she doesn't worry**   걔가 걱정할테니까 아무 말 안할거야.

---

wait for …을 기다리다 | apologize 사과하다 | won't will not의 축약

A: What's that noise?
B: My dog is scratching the door.
　　Open it so that he can come in.

A: 이게 무슨 소리야?
B: 내 개가 문을긁고 있는 거야. 개가 안으로
　　들어올 수 있게 문을 열어.

너무 …해서 ~할 수 없다라는 의미의 too~to 구문을 알아봅시다.

I'm too busy to help you right now
형용사/부사　　　　동사원형

「난 너무 바빠서 지금 당장은 널 도와줄 수가 없어」라는 말입니다. too는 「너무」, 「지나치게」라는 의미라서, 문장 자체가 부정문은 아니지만 부정문의 의미를 띠게 되죠. 「too＋형용사(또는 부사)＋to부정사」의 형태로 「to부정사의 내용이 되기에는 너무 …하다」, 즉 「너무 …해서 ~하지 못하다」라는 의미를 나타냅니다. to부정사의 주체는 to부정사 앞에 'for＋사람' 의 형태로 나타내요.

He is too **young** to **drink**   걘 술 마시기엔 너무 어려.
The book is too **difficult for me** to **understand**

그 책은 너무 어려워서 나는 이해할 수가 없어.

＿＿＿＿＿＿＿＿＿＿＿＿＿＿＿＿   걔한테 전화걸기엔 너무 늦었어.

---

drink 술을 마시다
정답: It's too late to call him.

A: Would your friend like a beer?
B: He is too young to drink.

A: 친구분도 맥주를 드시나요?
B: 걘 술 마시기엔 너무 어려요.

A: This book is too difficult for me to understand.
B: What's its title? Can I look at it?

A: 이 책은 너무 어려워서 난 이해가 안가.
B: 제목이 뭔데? 보여줄래?

4 Is it loud enough for you?

for+명사(또는 to+동사원형)

loud는 「소리가 큰」 것을 나타내는 형용사이므로 위 문장은 「소리가 (네가 듣기에) 충분히 크니?」라는 의미입니다. 「충분한」이라는 의미의 enough를 사용한 표현으로, 위와 같이 'enough for+사람'이라고 하면 「…에게 충분한」이라는 뜻이고, 'enough to+동사원형'의 형태로 「…하기에 충분한」이라는 의미를 나타낼 수도 있답니다.

That shirt isn't big enough for you	그 셔츠는 네가 입기에 넉넉하지가 않아.
Is it quiet enough to study?	공부하기에 적당할 만큼 조용하니?
Is she pretty enough to win a beauty contest?	
	걘 미인대회에서 상을 탈 만큼 충분히 예쁘지 않냐?
_____	등산하기에 충분할 정도로 (날씨가) 따뜻하네.

beauty contest 미인대회   정답: It is warm enough for hiking(등산 ~ hike)

A: Could you turn up the volume of the TV?   A: TV 소리 좀 키워줄래?
B: Sure. Is it loud enough for you now?   B: 그러지 뭐. 이제 충분히 크니?

A: Let's study together in the coffee shop.   A: 커피숍에서 모여서 공부하자.
B: Is it quiet enough to study there?   B: 거긴 공부하기에 적당할 만큼 조용하니?

5 She won't be here until 5 o'clock

「걘 5시나 돼야 올 거야」라는 의미죠. be here는 「오다」, 「와 있다」라는 의미예요. not ~ until은 「until 이하의 상황이 되어야 그전까지의 상황이 변한다」는 뉘앙스를 담은 말입니다. until 다음에는 위 문장처럼 시간을 나타내는 여러가지 명사가 올 수도 있고 주어+동사로 이루어진 절이 올 수도 있습니다.

We can't let you know until next week	다음 주나 되어야 알려드릴 수 있어요.
I don't need it until tomorrow	그건 내일이나 되어야 필요할 거야.
I can't buy new shoes until payday	월급날이나 돼야 새 신발을 살 수 있어.
_____	이 일을 끝내야 갈 수 있어.

let+사람+know …에게 알려주다   payday 월급날   정답: I can't go until I finish this

270

A: Ms. Mcginty won't be here until 5.
B: Can you have her call me when she comes back?

A: When can I have my exam results?
B: We can't let you know until next week.

A: 맥긴티 씨는 5시나 돼야 오세요.
B: 맥긴티 씨가 돌아오면 저한테 전화하도록 해주실래요?

A: 시험 결과는 언제 알 수 있나요?
B: 다음 주나 돼야 알려드릴 수 있습니다.